自主学习能力培养下的大学英语教学改革

侯丽梅 著

中国书籍出版社

图书在版编目(CIP)数据

自主学习能力培养下的大学英语教学改革/侯丽梅著.--北京：中国书籍出版社，2020.12
ISBN 978-7-5068-8213-2

Ⅰ.①自… Ⅱ.①侯… Ⅲ.①英语-教学改革-研究-高等学校 Ⅳ.①H319.1

中国版本图书馆 CIP 数据核字（2020）第 246488 号

自主学习能力培养下的大学英语教学改革

侯丽梅 著

丛书策划	谭 鹏 武 斌
责任编辑	吴化强
责任印制	孙马飞 马 芝
封面设计	东方美迪
出版发行	中国书籍出版社
地　　址	北京市丰台区三路居路 97 号（邮编：100073）
电　　话	（010）52257143（总编室）　（010）52257140（发行部）
电子邮箱	eo@chinabp.com.cn
经　　销	全国新华书店
印　　厂	三河市德贤弘印务有限公司
开　　本	710 毫米 ×1000 毫米 1/16
字　　数	172 千字
印　　张	13.25
版　　次	2022 年 1 月第 1 版
印　　次	2022 年 1 月第 1 次印刷
书　　号	ISBN 978-7-5068-8213-2
定　　价	65.00 元

版权所有　翻印必究

目 录

第一章 导 论 …………………………………………… 1
 第一节 自主学习概述 ………………………………… 1
 第二节 大学英语教学综论 …………………………… 5
 第三节 提倡大学英语自主学习的原因及意义 ……… 20

第二章 大学生英语自主学习能力培养的理念 ………… 24
 第一节 贯彻以学生为中心的教学理念 ……………… 24
 第二节 重视学生的学习风格与动机 ………………… 30
 第三节 培养学生应用学习策略的能力 ……………… 36

第三章 自主学习能力培养下的大学英语
    词汇与语法教学改革 …………………………… 45
 第一节 大学英语词汇与语法教学面临的问题 ……… 45
 第二节 自主学习能力培养下的大学
     英语词汇教学改革 …………………………… 50
 第三节 自主学习能力培养下的大学
     英语语法教学改革 …………………………… 60

第四章 自主学习能力培养下的大学英语听说教学改革 …… 72
 第一节 大学英语听力与口语教学面临的问题 ……… 72
 第二节 自主学习能力培养下的大学
     英语听力教学改革 …………………………… 77
 第三节 自主学习能力培养下的大学
     英语口语教学改革 …………………………… 89

第五章 自主学习能力培养下的大学英语读写教学改革……99
第一节 大学英语阅读与写作教学面临的问题………… 99
第二节 自主学习能力培养下的大学英语阅读教学改革…………………………… 102
第三节 自主学习能力培养下的大学英语写作教学改革…………………………… 117

第六章 自主学习能力培养下的大学英语翻译与文化教学改革………………………… 127
第一节 大学英语翻译与文化教学面临的问题……… 127
第二节 自主学习能力培养下的大学英语翻译教学改革…………………………… 129
第三节 自主学习能力培养下的大学英语文化教学改革…………………………… 137

第七章 自主学习能力培养下的大学英语教师与教学评估改革………………………… 147
第一节 大学英语教师自主的实现………………… 147
第二节 大学英语自主学习能力评估的方法………… 162

第八章 自主学习能力培养下的大学英语教学手段的新发展…………………………… 175
第一节 开展分级教学……………………………… 175
第二节 实施个性化教学…………………………… 179
第三节 利用网络手段辅助教学…………………… 184

参考文献……………………………………………… 197

第一章 导 论

随着信息技术的迅猛发展,信息更新日新月异。对于学生来说,想要跟上时代发展的步伐,首先就需要掌握合理的学习方式与方法,对新的知识进行吸收,以与时代、社会发展同步。显然,传统的学校教育与学习方式已经成为过去式,必须对学习理念加以更新,让学生真正地掌握前沿的学习理念,即自主学习,而自主学习也是当前大学英语教与学的一个重要方式。基于此,本章作为开篇,首先对自主学习与大学英语教学的相关基础知识展开分析,并探讨提倡大学英语自主学习的原因及意义。

第一节 自主学习概述

一、什么是自主学习

对于自主学习,国内外很多学者进行过研究和探讨,并出版了关于自主学习的一些文献成果。下面就重点来介绍几位有代表性的学者。

国外有两位权威的学者对自主学习进行过论述。一位是亨利·霍里克(Henri Holec),一位是齐莫曼(Zimmerman)。

亨利·霍里克在他的《自主性与外语学习》一书中指出,自主学习能力应该包含对学习目标与内容的确立、对学习技巧与方法的选择、对学习过程的监控与评估这几大层面,并且指出学生只有做到了这几点,他们才能真正地对自己的学习负责。[①] 亨利·霍里克认为,学生的自主学习能力并不是与生俱来的,往往是后天形成的,甚至需要专门的训练而成。显然,从亨利·霍里克的论述中可以看出,他的自主学习观实际上挑战了传统的学习模式,因此受到了很多学者的认可与支持。

齐莫曼是一位著名的心理学家,因此他对自主学习的论述主要是从心理层面考虑的。齐莫曼基于前人的研究,指出学生只要在动机、元认知、行为三个层面做到积极参与,那么就可以认为他们的学习是自主学习。[②] 换句话说,齐莫曼指出了自主学习的三个影响因素,即动机、元认知与行为,其中动机指学生从被动学习转向主动求知;元认知指学生能够对不同阶段的学习进行反思;行为指学生能够从自己的意愿出发选择与创设学习环境。

除了国外学者对自主学习进行研究,我国学者也对自主学习进行了激烈的探讨,他们基于国外的研究成果,并且考虑我国的实际情况,对自主学习进行了初步的研究。我国学者主要围绕自主学习中师生的角色、自主学习的原因与意义、自主学习的实施等层面展开研究。

我国学者庞维国在他的《自主学习——学与教的原理和策略》一书中,对自主学习的概念进行了明确的界定,这标志着我国关于自主学习的研究取得了突破性进展。在庞维国看来,自主学习是基于能学、想学、会学、坚持学这四个层面的基础上的一种学习方式。庞维国还从横向与纵向两个视角来阐释自主学习的概念。就横向角度而言,如果学生能够对自己学习的各个层面进行自觉选择与控制,那么就可以说他们的学习是自主学习;就纵向角度而言,如果学生能够在整个学习过程中挖掘与把握自主学习的实质,那么也可以说他们的学习是自主学习。

[①] 严明.大学英语自主学习能力培养模式研究:体验的视角[M].哈尔滨:黑龙江大学出版社,2009:42.
[②] 同上.

虽然国内外学者对于自主学习的界定存在差异,但是大多数学者已经基本达成共识,即自主学习是将学生作为中心,根据学生自身需求进行自主学习规划、自主学习管理、自主学习监控、自主学习评价等。具体而言,自主学习可以划分为如下五个步骤。

(1)学生基于不同需求,分清学习主次,对自己的学习目标进行规划。

(2)学生基于需求选择学习材料,并制订与自己学习风格相符的学习策略。

(3)学生对自己的学习进度、学习时间要合理把控。

(4)学生在学习中要不断反思与调整。

(5)学生要对评价标准有明确的把握,从而对自己的学习效果进行衡量。

二、自主学习的特征

(一)创造性

学生在进行自主学习时,都包含独特的自我,具有鲜明的个性特征。基于这样的学习方式,教师应该传授给学生具体的学习方式,提纲挈领地向学生介绍相关的学习内容,进而发挥学生的创造性思维,引导他们主动求索。

学生学习的目的在于对已有的知识体系进行激活,并将其与新的知识体系连接起来,实现知识的再创造。当然,学生也不是对学习过程进行简单的复制,而是对自己的学习过程加以合理的管理,对其进行反思与改进,从而对学习中遇到的问题进行解决,不断地掌握技能。

(二)开放性

从自主学习的定义中我们可以了解到自主学习具有开放性,即指的是学习内容、学习时间、学习手段、学习组织等都需要具备开放性。换句话说,学生只有基于开放的环境,辅以教师的指导,他们才能更顺利地控制自己的学习,选择适合自己的学习方式。

(三)独立性

说到独立性,那不得不提及依赖性。所谓依赖性的学习,即指的是学习活动建立于依赖性的一面上。自主学习则相反,自主学习是建立在独立性的一面上。

在我国传统的教学中,学生过分依赖教师,这对于学生的学习是不利的。自主学习要求学生基于教师的指导,独立自主地展开学习,控制自己的学习进度,做出自己的学习选择与学习决定。

显然,独立性是自主学习的显著特征,是学生自主获取知识与技能的一个重要环节。

(四)民主性

在自主学习中,师生之间是民主、和谐的关系。在教学中,教师扮演着学生学习的鼓励者、组织者、指导者的角色,学生能够随时发表自己的意见和见解。教师与学生之间、学生与其他学生之间可以提出问题、共享结果,彼此相互探讨,从而不断将学生自身的个性张扬出来。

(五)相对性

在现实的学习中,绝对的自主与不自主并不常见。很多学生表现的都是相对性的自主,也就是仅在一些层面自主,在其他一些层面则不自主。另外,由于学生的学习大多是在学校,因此必然会受到学校的安排,不可能脱离对学校和教师的依赖。

了解了自主学习的这一特点,就要求教师根据学生的实际情况,对学生的自主与不自主加以区分,展开针对性的教学。当然,自主学习并不是指学生的学习是随心所欲的。权利与义务是相互统一的关系,自主学习中的自主与责任也是辩证统一的关系,是相互制约的。

在自主学习中,教师与学生之间应该相互协作,彼此相互尊重,教师应该逐步培养学生的自主学习能力,学生也要明白他们自身的权利的建立也是以责任作为前提的。

(六)差异性

每个人都具有独立自主性,因此必然会存在先天素质的差异与自身成长环境的差异。在进行学习的时候,基于同样的内容,不同的学生其情感准备、知识储备、学习起点等也都存在着必然差异,因此对教学内容的消化与吸收也是存在差异的。自主学习对学生的差异性予以尊重与认可,对他们的学习方法的差异也是接受的,同时鼓励学生应该有对学习内容与资源的选择权。

第二节 大学英语教学综论

一、什么是大学英语教学

作为一项活动,教学贯穿整个人类社会的生产与发展过程中。也就是说,教学在原始社会就产生了,只不过原始社会将教学与生活本身视作一回事,并不是将教学视作独立的个体存在。但是,随着社会的不断发展,教学逐渐独立出来,成为一个单独的形态存在,并对人们的生产生活产生着重要的影响。由于角度不同,人们对教学概念的理解也不同,因此这里从常见的几个定义出发进行解释。

有人认为教学即教授。从汉字词源学上分析,"教"与"教学"有着不同的解释,但是在我国教育活动中,人们往往习惯从教师的角度对教学的概念进行解释,即将教学理解为"教",因此"教学论"其实就等同于"教论"。

有人认为教学即学生的学。有些学者从学生"学"的角度对教学进行界定,认为教学是学生基于教师的指导,对知识进行学习的过程,从而发展学生自身的技能,形成自身的品德。

有人认为教学即教师的教与学生的学。即教师与学生将课程内容作为媒介,为了实现共同的目标,彼此共同参与到活动中。也就是说,教师不仅包含教,还包含学,教与学是同一过程的两个方面,彼此相辅相成、不可分割。教学的根本目的在于促进学生的进步和发展。因此,这一观点是对前面两个观点的超越。

有人认为教学即教师教学生学。对于这一观点,其主要强调的是教师指导学生"学习",即教师"教学生学",而不是简单的"教师教与学生学"这一并列的概念。也就是说,这一观点强调教师要教会学生学习,重视学生学习方法的传授等,让学生学会自主学习。

二、大学英语教学的属性

(一)有目的、有计划的系统性活动

说教学具有计划性、目的性,主要在于教师是为了让学生获得知识与技能,实现多层面的发展。在教学活动中,教师需要从教学任务与教学目的出发,将课程内容作为媒介,通过各种方法、手段等引导学生进行交往与交流,促进学生的全面发展。

大学英语教学系统性主要体现在其制订者的工作中,如教育行政机构、教研部门和学校的教学管理者等的工作。大学英语教学的计划性指的是对英语基础知识的计划性教学,如大学英语语音、词汇、语法、写作、阅读等具体知识和技能的传递。

(二)教与学的统一活动

前面通过对教学的定义进行介绍可知,无论就哪个角度而言,人们都不能否认教学活动是"教"与"学"的过程,并且二者是相互制约、相互依赖的关系。在课堂中,教师的教离不开学生的学,学生的学自然也离不开教师的教,因此二者是同一过程的两个层面。正如王策三在《教学论稿》中所说:"所谓教学,乃是教师教、学生学的统一活动;在这一活动中,学生掌握自身需要的知识与技能,同时促进自己身心的发展。"

需要指明的是,大学英语教学并不是教与学的简单相加,而是教师指导学生学习的过程,是二者相统一、相结合的过程。要想保证教与学的统一,不能片面地强调只有教或者只有学,也不能片面地简单相加,而应该从学生自身的学习规律与身心发展特点出发进行教与学的活动。从这一点来说,教师教学能否成功的关键是学生的学。

(三)以课程内容作为媒介的活动

在教师教与学生学之间,课程内容充当中介与纽带的作用。师生围绕这一纽带开展教学活动。因此,大学英语课程内容是教学活动能否开展的必要条件。

(四)以建构意义作为本质的活动

大学英语教学活动的目的在于促进学生的全面发展,实际上这一目的实现的过程就是学生不断建构知识意义的过程,即学生对原有知识与经验进行重组,对新知识的意义加以建构的过程。在实际的学习中,学生只有将新旧知识的意义结合起来,才能真正地学好知识、掌握知识。

三、大学英语教学的理论依据

毋庸置疑,英语教学的展开离不开合理、科学的理论的指导,如语言本质理论、语言学习理论等,都是英语教学展开的理论依据。为此,下面主要针对英语教学的理论依据展开分析。

(一)语言本质理论

1. 言语行为理论

奥斯汀(Austin)的言语行为理论首次将语言研究从传统的句法研究层面分离开来。奥斯汀从语言实际情况出发,分析语言的真正意义。言语行为理论主要是为了回答语言是如何用之于"行",而不是用之于"指"的问题,体现了"言则行"的语言观。奥斯汀首先对两类话语进行了区分:表述句(言有所述)和施为句(言有所为)。在之后的研究中,奥斯汀发现两种分类有些不成熟,还不够完善,并且缺乏可以区别两类话语的语言特征。于是,奥斯汀提出了"言语行为三分说",即一个人在说话时,在很多情况下,会同时实施三种行为:以言指事行为、以言行事行为和以言成事行为。

(1)表述句和施为句

第一,表述句。以言指事,判断句子是真还是假,这是表述句的目的。通常,表述句是用于陈述、报道或者描述某个事件或者事物的。例如:

桂林山水甲天下。

He plays basketball every Sunday.

以上两个例子中,第一个是描述某个事件或事物的话语;第二个是报道某一事件或事物的话语。两个句子都表达了一个或真或假的命题。

换句话说,不论它们所表达的意思是真还是假,它们所表达的命题均存在。但是,在特定语境中,表述句可能被认为是"隐性施为句"。

第二,施为句。以言行事是施为句的目的。判断句子的真假并不是施为句表达的重点。施为句可以分为显性施为句和隐性施为句。其中,显性施为句指含有施为动词的语句,而隐性施为句则指不含有施为动词的语句。例如:

第一章 导 论

I promise I'll pay you in five days.

I'll pay you in five days.

这两个句子均属于承诺句。它们的不同点是：第一个句子通过动词 promise 实现了显性承诺；而第二个句子在缺少显性施为动词的情况下实施了隐性承诺。

总结来说，施为句主要有如下几个特点。

第一，主语是发话者。

第二，谓语用一般现在时第一人称单数。

第三，说话过程包含非言语行为的实施。

第四，句子为肯定句式。

隐性施为句的上述特征并不明显，但能通过添加显性特征内容进行验证。例如：

学院成立庆典现在正式开始！

通过添加显性施为动词，可以转换成显性施为句：

（我）（宣布）学院成立庆典现在正式开始！

通常，显性施为句与隐性施为句所实施的行为与效果是相同的。

（2）言语行为三分法

奥斯汀对于表述句与施为句区分的不严格以及其个人兴趣的扩展，很难坚持"施事话语"和"表述话语"之间的严格区分，于是提出了言语行为的三分说：以言指事行为、以言行事行为和以言成事行为。指"话语"这一行为本身即以言指事行为；指"话语"时实际实施的行为即以言行事行为；指"话语"所产生的后果或者取得的效果即以言成事行为。换句话说，发话者通过言语的表达，流露出真实的交际意图，一旦其真实意图被领会，就可能带来某种变化或者效果、影响等。

言语行为的特点是发话者通过说某句话或某些话，执行某个或某些行为，如陈述、道歉、命令、建议、提问和祝贺等行为。并且，这些行为的实现还可能给听话者带来一些后果。因此，奥斯汀指出，发话者在说任何一句话的同时应完成三种行为：以言指事行为、以言行事行为和以言成事行为。例如：

我保证星期六带你去博物馆。

发话者发出"我保证星期六带你去博物馆"这一语言行为本身就是以言指事行为。以言指事本身并不构成言语交际,而是在实施以言指事行为的同时,包含了以言行事行为,即许下了一个诺言"保证",甚至是以言成事行为,因为听话者相信发话者会兑现诺言,促使话语交际活动的成功。

在奥斯汀之前的实证哲学家都认为,句子只能用于对某种情况、某种事实加以描述与陈述,因此认为其只适用于正确或错误的价值,但是言语行为理论明确指出话语在现实中有着行事的能力,其不仅强调发话者的主体作用,也强调听话者的反应,因此其在英语教学中有着重要的意义。

对于教师来说,言语行为理论的核心在于以言行事或以言成事,即强调语言需要在具体的实践中得以应用才更有意义,语言研究也应该侧重于具体的运用,而不仅仅是对词汇、语法等的研究。这一理论对于大学英语教学而言是非常重要的,也给予了教师一定的启示,即在大学英语教学中,可以将言语行为理论融入其中,转变教师的角色,使他们从主导者转向参与者与组织者,让学生能够积极地参与到学习之中。同时,言语行为理论要求教师在讲课中应该保证体裁与题材的广泛性,内容要与时代要求相符,并融入跨文化交际的知识与内容,这样才能让学生在语言知识与文化知识上得到全方面的进步与发展。

对于学生来说,言语行为理论对于他们的二语学习非常重要,因为英语这门语言实践性很强,而大学英语教学主要是为了培养他们的能力,也是立足实践的,因此英语这门课程与他们的需求不谋而合。以言语行为理论作为指导,学生可以积极地参与到实践中,在实践中不断提升自身的语言能力与文化能力,调动他们学习语言的积极性与主动性。

2. 会话含义理论

要想了解会话含义,首先需要弄清楚什么是含义。从狭义上说,有人认为含义就是"会话含义",但是从广义角度上说,含义是各种隐含意义的总称。含义分为规约含义与会话含义。格赖斯认为,规约含义是对话语含义与某一特定结构间关系进行的强调,其往往基于话语的推导特性产生。

会话含义主要包含一般会话含义与特殊会话含义两类。前者指发话者在对合作原则某项准则遵守的基础上,其话语中所隐含的某一意义。例如:

(语境:A 和 B 是同学,正商量出去购物。)

A: I am out of money.

B: There is an ATM over there.

在 A 与 B 的对话中,A 提到自己没钱,而 B 回答取款机的位置,表面上看没有关系,但是从语境角度来考量,可以判定出 B 的意思是让 A 去取款机取钱。

特殊会话含义指在交际过程中,交际一方明显或者有意对合作原则中的某项原则进行违背,从而让对方自己推导出具体的含义。因此,这就要求对方有一定的语用基础。

提到会话含义,就必然提到合作原则,其是对会话含义的最好的解释。合作原则包括下面四条准则。

其一,量准则,指在交际中,发话者所提供的信息应该与交际所需相符,不多不少。

其二,质准则,指保证话语的真实性。

其三,关系准则,指发话者所提供的信息必须与交际内容相关。

其四,方式准则,指发话者所讲的话要清楚明白。

(二)语言学习理论

1. 认知主义学习理论

认知主义学习理论认为,学习个体本身会对环境产生这样或那样的作用,大脑的活动过程能够向具体的信息加工过程转化。

布鲁纳、苛勒、加涅和奥苏贝尔等是认知主义学习理论的主要代表人物。

人要在社会上生存,必然要与周围环境互相交换信息,作为认知主体的人也会与同类发生信息交换的关系。人是信息的寻求者、形成者和传递者,从一定意义上来讲,人的认识过程也就是信息加工的过程。

认知学习理论的基本观点为,在外界刺激和人内部心理过程的相互作用下才形成了人的认识,而不是说只通过外界刺激就能形成人的认识。依据这个理论观点,可以这样解释学习过程,即学生从自己的兴趣、需要出发,将所学知识与已有经验利用起来对外界刺激提供的信息进行主动加工的过程。

从认知学习理论的基本观点来看,教师不能简单地将知识灌输给学生,而要将学生的学习动机激发出来,对学生的学习兴趣进行培养,使学生能够将已有的认知结构和所要学的内容联系起来。学生的学习不再是被动消极的,而是主动选择与加工外界刺激提供的信息。

认知主义学习理论认为,在影响学生学习的因素中,学生自身已有的认知结构具有非常重大的影响,在教学中应将教学内容结构直观地展示给学生,让学生对各单元教学内容之间的相互关系有深入的了解。

2. 建构主义学习理论

建构主义学习理论认为个体与外部环境的交互作用使得知识得以产生,人们会从自己的已有经验出发来理解客观事物,每个人对知识都有自己的理解和判断。维果斯基、皮亚杰等是建构主义学习理论的主要代表人物。

建构主义学习理论认为,学生是在一定的情境下,通过自己的主观参与,同时借助他人的帮助,以意义建构的方式而获得知识的,而不是通过教师传授得到知识的。

建构主义教学理论则要求教师在学生主动建构意义、获取知识的过程中起到帮助和促进的作用,而不是给学生简单地灌输和传授知识。因此,在教学过程中,教师首先要转变教育思想,改革教学模式。学生是在一定的学习环境下获取知识的,学生在获取知识的过程中需要主观努力,也需要他人帮助,而且也离不开相互协作的活动。建构主义学习理论要求有利于学生获取知识的学习环境应具备情境创设、协作、会话、意义建构四大基本属性或要素。下面来具体分析这四个基本要素。

学习环境中必须要有对学生意义建构有利的情境。在建构主义学习环境下,教师要基于对教学目标的分析与对学生建构意义的情境创设问题的考虑而设计教学过程,并在教学设计中把握好情境创设这个关键环节。

在学生的整个学习过程中都离不开协作,如学生搜集与分析学习资料、提出和验证假设、评价学习成果以及最终建构意义等都需要不同形式的协作。

在协作过程中,会话这个环节是不可或缺的。学习小组要完成学习任务,必须先通过会话来商讨学习的策略。学习小组成员之间协作学习的过程也是相互不断会话的过程,在这个过程中,学生的学习资源包括智慧资源都是共享的。

学习过程的最终目标就是意义建构。建构的意义指的是事物的本质、原理以及事物与事物之间的内在联系。帮助学生在学习中建构意义,就是帮助学生深刻理解学习内容反映的事物的本质、原理及其与其他事物之间的内在联系(孙瑛瑛,2010)。

3. 二语习得理论

除了对第一语言习得的关注,心理语言学对第二语言习得也非常注重。所谓第二语言习得,即人们的第二语言形成与发展的过程,其与第二语言学习有所不同,各有侧重。

二语习得理论于 20 世纪六七十年代形成,主要对二语习得的过程与本质进行研究,描述学生如何对第二语言进行获取与解释。对于这一理论的研究,学者克拉申(Krashen)做出了巨大贡献,并提出五大假设。

（1）习得—学得假说

所谓习得,指学生不自觉地、无意识地对语言进行学习的过程。所谓学得,即学生自觉地、有意识地对语言进行学习的过程。"习得"与"学得"的区别如表1-1所示。

表1-1 语言的习得与学得的不同

	习得	学得
输入	自然输入	刻意地获得语言知识
侧重	语言的流畅性	语言的准确性
形式	与儿童的第一语言习得类似	重视文法知识的学习
内容	知识是无形的	知识是有形的
学习过程	无意识的、自然的	有意识的、正式的

（资料来源：何广铿,2011）

（2）自然顺序假说

克拉申提出的这一假说主要强调语言结构的习得需要一定的顺序,即根据特定的顺序来习得语法规则与结构。当然,这也在第二语言习得中适用。例如,克拉申常引用的词素习得顺序如图1-1所示。

由图1-1可知,将英语作为第二语言习得过程中,人们对进行时的掌握是最早的,过去时是比较晚的;对名词复数的掌握是比较早的,对名词所有格的掌握是比较晚的。

（3）监控假说

克拉申的监控假说区分了习得与学得的作用。前者主要用于输出语言,对自己的语感加以培养,在交际中能够有效运用语言。后者主要用于对语言进行监控,从而检测出是否运用了恰当的语言。

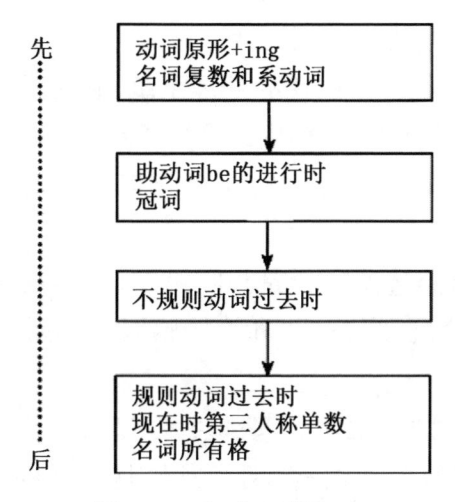

```
先 ┌─────────────────┐
│ │ 动词原形+ing    │
│ │ 名词复数和系动词 │
│ └────────┬────────┘
│          ↓
│ ┌─────────────────┐
│ │ 助动词be的进行时 │
│ │ 冠词            │
│ └────────┬────────┘
│          ↓
│ ┌─────────────────┐
│ │ 不规则动词过去时 │
│ └────────┬────────┘
│          ↓
│ ┌─────────────────┐
│ │ 规则动词过去时   │
│ │ 现在时第三人称单数│
后 │ 名词所有格       │
  └─────────────────┘
```

图 1-1　词素习得顺序

（资料来源：何广铿，2011）

同时，克拉申认为学得的监控是有限的，受一些条件的影响和制约，具体归纳为如下三点。

第一，需要时间充裕。

第二，需要关注语言形式，而不是语言意义。

第三，需要了解和把握语言规则。

在这些条件的制约下，克拉申将对学生的监控情况划分为三种。

第一，监控不足的学生。

第二，监控适中的学生。

第三，监控过度的学生。

（4）输入假说

克拉申的输入假设和斯温（Swain）的输出假设是从两个不同的侧面来讨论语言习得的观点，都有其合理成分，都对外语教学有一定的启示。输入假说的内容主要有以下几点。

其一，与习得有着紧密关系而非学得。

其二，掌握现有的语言规则是前提条件。

其三，i+1 模式会自动融入理解中。

（5）情感过滤假说

"情感过滤"是一种内在的处理系统,它在潜意识上以心理学家们称之为"情感"的因素阻止学习者对语言的吸收,它是阻止学习者完全消化其在学习中所获得的综合输入内容的一种心理障碍。

克拉申的情感过滤假说是指在第二语言习得中,将情感纳入进去。也就是说,自尊心、动机等情感因素会对第二语言习得产生重要影响。

克拉申把他的二语习得理论主要归纳为两条:习得比学习更重要;为了习得第二语言,两个条件是必需的:可理解的输入（i+1）和较低的情感过滤。

四、大学英语教学的基本原则

作为通用型语言,英语的作用不言而喻。但是,在具体的大学英语教学中,存在着种种弊端,因此这就要求大学英语教学应该坚持一定的原则。大学英语教学原则是从大学英语教学的任务与目的出发,基于教学理论的指导,经过长期实践总结出来的教学经验。这些教学原则是教师对教材进行处理、选用科学的教学方法、提升自身教学质量的指南针。

（一）思想性原则

英语教学要从学生的实际出发,根据学生身心发展的特点和学生的认知规律,紧贴学生生活选取教学材料、设计教学活动。教学材料和教学活动不仅要有利于学生学习语言知识,形成语言技能,而且要有利于学生健康性格和健全心理的形成与发展。

思想性原则要求教师把文化意识渗透在开展爱国主义教育和增强世界意识之中,使学生了解外国文化的精华和中外文化的异同;还要有利于引导学生提高文化鉴别能力,树立民族自尊心、自信心和自豪感,促进学生形成正确的人生观和价值观。

(二)互动性原则

根据生态的基本观点,任何事物都处于一定的关系中,学校是教育生态系统的子系统,在学校这个子系统中,教师与学生作为其中的两个因子相互作用与交往。教师与学生之间是一种以学生最终的发展为目的而联系在一起的共生关系。教学过程中信息的传递是相互的、双向的。教师与学生之间的互动只有保持相对平衡性、有序性,他们才能有效发挥各自的作用,进而实现和谐统一的发展。如果教师和学生之间的互动被打破,那么教育要素之间的平衡也会被打破,这不仅会损害师生自身的发展,也会损害整个学校甚至整个教育的发展。师生之间的交流与沟通是一种连续不中断的过程,在不断的动态变化发展中寻找平衡点。教师不断提高自身的教学水平与理论水平,从而应用到实践教学中,促进学生的可持续发展。学生获得的成绩也体现了教师的价值,并且是对教师的一个鼓励。因此,在大学英语教学中,师生之间是一种相互依存、共同发展的关系。

(三)趣味性原则

英语教学的目标是要培养学生综合运用语言的能力和学习英语的兴趣。英语教学不仅要符合学生的知识、认知和心理发展水平,还要充分考虑学生的兴趣、爱好、愿望等学习需求,紧密联系学生的实际生活,设计生动活泼、形式多样、趣味性强的学习活动,创设愉快的语言运用情境,引导学生积极参与,提高学生的学习兴趣,加强其学习动机。例如,根据不同学段学生的年龄特征,设计不同的任务型教学,创设不同的情境,采用不同形式的教学媒体,使课堂教学生动活泼。

(四)开放性原则

大学英语教学的一个重要特征就在于开放性,其体现为如下两个层面。

第一,教学资源的开放性。大学英语教学资源不仅来自教材,还源于大学生的课外生活。当然,教学资源都是经过筛选的,选择的依据就是师生之间的知识交流、情感传递。换句话说,教学主体在日常生活中进行生活体验,并不断总结经验教训,然后积极构建出相关的知识,真正实现课堂教学的知识在生活中的运用。

第二,教学主体的开放性。在大学英语教学中,教师与学生不断地重复信息传递与信息接收的过程,进行着持续的互动交流,教师与学生有着巨大的差异性,主要体现在生活阅历、知识水平、情感态度等层面。教师会无意识地将自己的知识水平、生活阅历、情感态度等带入实际教学活动中,同时学生根据自身发展的特点有选择性地吸收。因此,伴随着课堂教学活动的是教师与学生之间的信息流动。

(五)系统性原则

英语教学的设计是一项系统工程,系统中的各要素相当于子系统,既相对独立,又相互依存、相互制约,共同组成一个有机的整体。教学设计各子系统的排列具有程序性的特点,即各子系统有序地构成等级结构排列,而且前一子系统制约、影响着后一子系统,而后一子系统依存并制约着前一子系统。一个规范的教学一般由教材分析、学情分析开始,根据分析结果,确定教学目标。

从形式上看,教材分析、学情分析和教学目标是相对独立的,但又是相互依存的。学情制约着教学目标,教学目标的制订建立在学情分析的基础上,彼此之间存在着内在的逻辑关系,它们之间的逻辑性是保证前后各要素相互衔接的前提。在这种逻辑的基础上,一旦教学目标明确了,教学重点、难点就能够确定了。

重点、难点是教师选择教学方法的重要指标和依据,它在一定程度上决定了教师选择什么样的方法突出重点、突破难点,以实现教学目标。所以,教学设计的程序是无法随意改变的,教学设计中教师应遵循其程序的规定性及联系性,确保教学设计的系统性和科学性。

（六）可行性原则

英语教学中的教学设计是为课堂教学所做的系统规划，要真正成为现实，必须具备两个可行性条件：一是符合主客观条件，二是具有可操作性。

符合主客观条件是教师实施教学设计的重要条件。主观条件是指教师应考虑学生的年龄特点、已有知识基础及生活经验。教师只有遵循学生的认知规律，尊重学生身心发展的特点，立足学生的生活经验和学习基础，在综合分析的基础上进行教学设计，才能增加设计的针对性，更具有实效性。如果教学设计背离了学生的年龄特点，超出了学生的认知能力范围和脱离了生活实际，是不可行的。

客观条件是指教师进行教学设计需要考虑教学设备、地区差异等因素。教师首先要了解学校所处的地域环境和教学条件、学生的学习能力等客观因素，了解学校能够提供什么样的教学设施。教学的环境和条件、学生的学习能力是教师进行教学设计的重要参考。如果教师不考虑教学的客观条件，只凭自己的主观设计，不考虑地域学生的差异，把目标拔得太高，教学设计也是无法落实的。

具有可操作性是教学设计应用价值的基本体现。教学设计的出发点是为指导教学实践准备的，应能指导具体的教学实践，而不是理想化地设计作品。教师的教学设计要在教学实践中检验，去验证设计的理念是否正确、方法是否恰当、学习效果是否满意，这样才能体现教学设计指导教学的作用。

第三节 提倡大学英语自主学习的原因及意义

一、提倡大学英语自主学习的原因

(一)内在原因

自主学习对于大学生的英语学习意义巨大,但大学生自主学习的情况并不理想,并且很多问题都在学习中显现出来。在学习过程中,大学生应该对这些问题有清楚的了解,并不断进行改善,从而不断提升自己的英语学习效果。具体来说,大学英语自主学习主要存在如下问题。

1.自主学习意识淡薄

当前,自主学习已经成为当代大学英语教学改革的重点与难点,但是由于我国的大学英语教学长期受到传统模式的影响,很多学生对于教师的依赖性过强,并且在学习方式与方法上仍旧存留着旧有的习惯。他们不仅不知道如何对自己的学习加以安排,甚至也没有自主学习的意识,只是单纯跟着教师的节奏来学习,这样的被动学习显然不会收到很好的结果。

2.缺乏自主学习氛围

课堂是学生学习英语的主要场所,但在课堂外,学生很少接触英语,更不用说展开自主学习了。这主要是因为学校课外投入不足。但是不得不说,学生的英语学习是一个循序渐进的过程,不是一蹴而就的,光靠课堂上讲授的内容显然很难满足学生的需要,他们还需要在课外进行学习,但是由于课外缺乏自主学习的氛围,导致学生的英语自主学习不甚理想,学生也很难找到英语自主学习的途径,导致他们缺乏学习的兴趣和积极性。

3. 没有掌握自主学习的方法

要想真正地进行自主学习,不断提升自身学习的效率,学生必须对语言学习的本质有清楚的了解,认识到英语学习不是一蹴而就的过程,不能急于求成,应该掌握一定的方法与技巧,主动探索,循序渐进地展开学习。但是,当前很多学生还不能掌握自主学习的方法。在他们看来,上课记笔记、课下做作业、考试之前突击复习就是自主学习,考试过关就说明学习有所成效,实际上很多学生一旦脱离了教师与课堂,遇到很多问题都不能有效地解决,这就是因为没有掌握具体的自主学习的方法。

(二)外在原因

素质教育的目的在于提升国民的素质,宗旨在于教会学生求知、做人,让他们学会生活与生存。素质教育的核心在于自主学习,因此培养学生的学习习惯与意识、学习方法与能力显得尤为重要。具体来说,提倡大学英语自主学习的外在原因如下。

1. 教学现状的要求

在大学英语教学中,教师与学生都会受到教学模式与方法的影响,但是我国的大学英语教学过分注重教师的主导,忽视了学生的主体,导致教学成为知识传授、学生被动学习的场面。这种教学方式忽视了学生的自主性,对学生的自主发展带来了不利影响。

在传统的大学英语教学模式中,教师位于中心,主要将考试作为评定学生学习成绩的标准。在整个学习中,学生感受不到学习的乐趣,教师也很少了解学生的具体需求。长此以往,学生的积极性必然会降低,也很难发挥自己独立的人格,从而不利于学生自主学习的培养。

需要正视的是,之所以出现传统的教学模式,主要是因为我国当前的大学英语教学时间紧、任务重,教师为了完成教学计划,往往只教授一些语言知识,忽视了技能的培养,但是英语恰好是一门技能型很强的学科,需要学生不断发挥积极性与创造性思维,展开具体的实践,只有这样才能真正地掌握英语知识。当然,这仅仅依靠课堂是远远不够的,大学英语教学的现状与学习现实都需要学生发挥自主学习习惯,在自主学习中不断提升自我。

2. 学校教育的需要

在新形势下,基础教育也在不断变革,基于终身教育的理念,教学的任务不再是灌输知识,而是教会学生学习,培养他们自主学习的能力和意识,从而为他们以后的学习奠定基础。

当前,多媒体与网络广泛应用,教与学的手段也日益丰富,这就要求教师改变传统的教学模式,学生也可以利用多媒体与网络资源,扩充自身的视野,提升自己的英语水平。

二、提倡大学英语自主学习的意义

(一)满足信息化社会发展的需要

当今社会是一个科技迅猛发展的社会,信息化时代使人们越来越认识到学校教育已经远远不能满足学生的知识储备,因此学生需要适应不断变化的环境,满足自身不断变化的职业要求,这仅仅依靠学校获得的知识是远远不够的。也就是说,学生要想适应信息化社会发展的需要,除了要接受学校教师传授的知识,还需要从各种途径、各种渠道挖掘知识,以便充实自己,这就是自主学习的力量。

(二)体现终身教育体系的需要

随着科技、社会的发展,人们认识到需要建立终身教育体系,这一教育体系打破了传统教育体系的封闭性与终极性,使教育成为一个伴随终身、持续不断的过程。未来的社会是一个持续学习的社会,为了与社会的发展相适应,人们就需要不断学习、不断发展。因此,这也是对学生的要求,通过自主学习,学生能够适应不断变化的社会与职业要求,从而不断提升自我质量与自我价值。

(三)符合学生自我发展的需要

相较于其他国家,我国对英语课程教学的投入是巨大的,但不得不说,虽然投入巨大,但效果不甚理想。出现这种情况的主要原因就在于我国的英语课程教学模式过于单一,即只注重教,而不注重学,简单来说就是严重忽视了学生的主体地位。

众所周知,不同的学生的学习存在明显差异,这些差异的形成有先天原因,也有后天原因。在这些原因中,先天原因无法改变,但后天原因是可以弥补与改变的,如学习风格、学习动机等,这恰好是自主学习的要求。

第二章 大学生英语自主学习能力培养的理念

大学英语自主学习能力的培养理念不仅是一定历史时期国家、社会对大学英语教学的要求,也是当前大学英语教学发展的重要依据。厘清大学英语自主学习能力培养的理念,有助于改善当前大学英语教学中存在的问题,并对这些问题加以反思,从而更好地推进大学英语教学的改革。

第一节 贯彻以学生为中心的教学理念

一、学生的主体地位

学生的主体性是指在英语教学活动中,所有的教学设计和教学行为都是围绕学生而进行的,其处于英语教学的核心位置。

学生在教学活动中的主体性与其主观能动性有着密切的关系,人的主体性是其个性发展的核心。一般来说,主体性越明显,学生对自己是为何而学习的理解程度就越深,这对于其更好地知道该如何去做、如何做得更好是有积极意义的。

(一)学生在英语教学中的地位

1. 学生是英语学习的主体

在英语教学过程中,教师和学生都是参与者,二者都是重要的主体,但是二者的主体所处的环境是不同的,教师是英语教学中起主导作用的主体,其主要职责在于"教",而学生则主要为了"学",因此在英语学习中,学生是主体。

2. 学生是英语教师的合作者

在英语教学中,教师和学生是直接参与的两个主体,同时英语教学中有些项目动作是需要英语教师和学生共同来完成的,因此只靠教师的教是无法达到教学目的的,需要学生的配合,才能使教学活动顺利进行并保证教学效果。

3. 学生是英语文化的继承者和创造者

学生在英语学习过程中的一个重要学习任务就是不断汲取英语的相关知识,如英语文化知识,这样才能对英语的理解和感悟不断更新升华,形成创新性的英语文化。与此同时,学生在英语文化方面也要具有一定的创造力,通过不断地创造来使所学的英语文化得到良好的传承和发展。

(二)学生主体性在英语教学中的体现

学生在英语教学中的主体地位是毋庸置疑的,苏霍姆林斯基"让每位学生都抬起头来走路"的教育信条,就将学生的主体性地位充分体现了出来。一般来说,英语教学活动中学生的主体性可以从以下几个方面得以体现。

1. 对教育影响的选择性

教师的教育影响并不能让学生全盘接受,只有那些与学生自身的特点和需求相符的教育影响,才能为学生所接受。学生有根据主体意识积极地或消极地进行选择的权利。

2. 学习的独立性

学生本身具有个体化特征,这就决定了其在学习起点、学习的目标与追求、制约学习的个性心理特征等方面也有所差别。因此,英语教学中教师要遵循因材施教原则。

3. 学习的主动性

学生学习活动的主动性、自觉性是学生学习主体性的本质体现,英语教师的教学活动要建立在学生对英语学习的自觉的、主动的、自我追求的基础上。

4. 学习的创造性

学生在英语教学任务的方式、方法、思路以及对问题的认识等方面的完成与实现,与教师所教的内容或方法并不是存在着完全的关系的,其中也能将学生的一些创新性和创造性体现出来。因此,英语教师要在认同这种创造性的同时进一步给予鼓励。

二、什么是以学生为中心

以学生为中心是一项崭新的理念,其注重学生在学习中发挥自己的主体地位,对学生的学习需求非常关注,并理解与尊重不同学生个体存在的差异。这一教学理念认为,教学应该对学生的天性予以关注,将学生的潜能发挥出来,激发学生学习的积极性,从而促进学生的全面发展。

所谓以学生为中心的教学,即在教学中将以学生为中心作为价值追求,彰显学生的个性特征,把握不同学生自身的学习规律,同时了解学生的学习需求,开展适合学生学习需求的教学。

以学生为中心的教学强调发挥学生的主体地位,但是当前很多学校的教学工作都是按照一定的计划展开的,因此在物力、资金、教学成本等层面存在限制,为了更好地推进以学生为中心的教学实践,就需要在成本、规模等层面寻找到一个平衡点。可见,判断某一个教学实践是否遵循了以学生为中心,不能仅仅依靠外显的标准,而应该分析其是否以学生为中心作为价值取向,教师是否做到了让更多的学生参与到教学活动中,学生是否真正地完成了学习任务等。

虽然以学生为中心的教学对学生的主体性予以尊重,对学生的学习需求也非常关注,倡导学生应该积极开展自主学习,但是并不意味着所有的教学因素都是由学生自主来决定的,也并不意味着学生的所有需求都需要满足。这是以学生为中心需要注意的一个层面。另外,以学生为中心还需要认识到,大学英语教学的重要目标在于为社会培养出需求的人才,因此以学生为中心的教学不仅要考虑学生的需求,也需要与学生的身心发展规律相适应,同时还需要分析社会对人才的需求,制订科学、合理的计划。

显然,以学生为中心的教学给予了学生充分的尊重,但是这并不意味着教师在教学中是不重要的,甚至很多人认为可以弱化教师的作用。事实上,在以学生为中心的教学中,教师的作用更加凸显,学生学习的主动性、学习效率等都需要教师的指导与激励。教师在以学生为中心的教学中的重要性也决定了教师应该履行自己的责任,即要不断对自己的教学加以反思,进而从学生的需求出发设置学习目标,鼓励学生积极参与到学习活动中,帮助学生实现自身的目标。

三、如何做到以学生为中心

(一)充分尊重学生

教育的最高境界在于以人为本,要想真正地实现以人为本,最为重要的一点就是教师需要尊重学生,从尊重出发,通过教育来促进学生的全面发展。

1. 尊重学生的个性发展

我国现在的教学对于学生的素质教育非常注重,而个性是素质教育的出发点,只有以学生的个性作为出发点,展开个性化教学,才能使培养出的人才更加学有所长。因此,教师要对学生的个性特征予以尊重,从而不断开发学生的个性,促进学生的全面进步与发展。

2. 尊重学生的主体地位

在教学中,学生为学习的主体,教师的所有活动都是围绕学生的需求展开的。在教学中,教师应该尊重学生的主体地位,将学生的学习兴趣和积极性激发出来,提升他们学习的自主性。

具体而言,无论是制订教学计划,还是设计教学环节,教师都需要从学生的需求与兴趣出发。同时,教师要对学生的自我管理能力加以培养,引导他们进行创造性思维,养成自主学习的习惯。

3. 尊重学生的自尊心

在人类行为中,自尊心是最为渗透性的一个层面,其对于人类行为有着重要的影响。一个人如果没有一定程度的自尊心,对自己没有充分的了解,是很难进行认知活动与情感活动的。因此,教师要对学生的自尊心予以尊重,多发现学生身上的闪光点,帮助学生更好地成长与进步。

(二)注重培养学生的思辨能力

思辨能力,英文是 critical thinking skills,这一术语最早在西方国家广泛使用。在希腊语中,critical 是由 kritikos 和 kriérion 两个词根构成的,前者指的是"有眼力的判断",后者指的是"运用恰当的评价标准进行有意识的思考,最终做出有理据的判断"。

著名学者马修·李普曼(Matthew Lipman)指出,思辨能力是一种思维能力,其可以帮助人们做出判断,并且是负责任的判断。当然,思辨能力需要依据一定的标准,并不是毫无根据的,其对于自我的反思与校正意义巨大。

美国学者罗伯特·恩尼斯(Robert Ennis)对"思辨思维"的概念进行了认真的分析,认为其是为了相信什么或者做什么而展开的反思性的思维。

第二章　大学生英语自主学习能力培养的理念

在中国,不少学者会将 critical thinking skills 译为"批判性思维能力"。但是,文秋芳(2008)提出了不同的观点,认为这样的翻译是对原义的歪曲。她指出,critical thinking skills 应该译为"高层次思维能力"。

朱智贤和林崇德(2002)认为,思维能力是人脑的一种高级认知能力,是人脑对客观事物规律的一种概括与间接反映。

总而言之,critical thinking skills 这一术语是从西方传入我国的,其共同的基本要素就是理性思维。可见,不管国内学者如何界定,将其翻译为"批判性思维能力"或"思辨能力",其核心都是一样的。

在大学英语教学中,培养学生的思辨能力有着重要意义,具体体现如下。

1. 是我国高等教育的一个核心目标

实践能力与创新精神的前提就在于思辨能力。《中华人民共和国高等教育法》的总则指出:"高等教育的任务是培养具有创新精神和实践能力的高级专门人才……"可以看出,在我国的大学英语教学中,培养学生的思辨能力是非常重要的,其是培养学生创新能力的关键与具体体现。

2. 是世界一流大学和一流学科追求的共同使命

在西方教育界中,人们普遍认为思辨能力的培养是非常重要的。例如,哈佛大学的一个重要教学使命是 Rejoice in Discovery and Critical Thought,即鼓励学生进行自由表达,鼓励学生发现与思维。剑桥大学也认为学生应该具备怀疑的态度,还将思辨能力视作入学考试的一部分。耶鲁大学英文系要求当学生完成一定程度的文学作品之后,要获得洞察人类经验的能力,并成为分析思考者。

与西方教育相比,中国的教育对于基础知识的掌握更为关注,但是随着教育改革的推进,能力的培养也进入了中国学者与教育者的视野,并作为大学英语教学的一项重要内容,这也是一个进步。

3. 可以提升学生的可迁移能力

对于学生来说,学校教育除了向他们传授基础知识外,还推进了他们能力的进步与发展,如对问题的发现与解决能力、展开自主学习的能力、接受挑战的能力等。这些能力会在以后的学习与工作中常常用到。可见,这些能力是学生的一笔财富。

总之,思辨能力是当代学生必须具备的一项能力,因此大学英语教学中也应该努力培养学生的思辨能力。

第二节 重视学生的学习风格与动机

一、尊重学生的学习风格

(一)什么是学习风格

关于学习风格,不同的学者从不同的视角出发进行了界定。

美国中学校长联合会主席凯夫(Keefe)认为,学习风格是学生特有的情感、认知、心理行为的方式,包括三个要素,即认知风格、情感风格与生理风格。学习风格具有相对的稳定性,可以对学生如何与学习环境发生作用进行衡量,学习风格与学生的直觉有着紧密的联系。

瑞德(Reid)认为,学习风格是学生习惯性地对新信息加以处理与吸收,并对该项技能加以掌握的方式与手段。

英国心理学家帕斯克(Pask)认为,学习风格是学生在学习过程中习惯采用的某种策略倾向。

谭顶良先生认为,学习风格是学生在学习中表现出来的个性化的信息处理与认知方式。学习风格具有相对的稳定性与整体性,其常常不会被学生自身感知到。学习风格会受到一些外部因素的影响,如社会因素、家庭因素;同时,学习风格与自身的观念、性格、认知特点等内部因素相关。可见,学习风格是内外因素共同作用的产物。

虽然不同学者对学习风格的解释存在差异,但是探究学习风格的本质,又可以发现很多相似性,大致总结为如下几点。

(1)强调学生喜欢的、经常使用的学习策略。

(2)强调学习风格具有相对的稳定性。

(3)强调学习风格是可以塑造的。

总体而言,学习风格是个性化的行为,是随着长期的学习过程逐渐形成的,很少会随着教与学方式的改变而改变。但是,也不是说学习风格是一成不变的,其会受到内外因素的影响。需要指明的是,学习风格不存在好坏之分,任何一种学习风格都可能推进自身学习的进步与发展。

(二)如何充分了解学生的学习风格

学习风格对学生的学习活动有着重要的影响,进而对整个教学行为产生影响。教师要对学生的学习风格给予重视,采用不同的方式展开教学。具体来说,教师应该对学生的学习风格有着充分的了解,可以从如下几点着眼。

1. 树立专业化的素养

教师的专业素养是对学生学习风格充分了解的前提。学生的学习兴趣与教师的知识素养、人格魅力关系巨大。

首先,教师要博览群书,在课堂教学中引入一些相关内容,吸引学生的兴趣和积极性。同时,教师本身对学生有示范作用,学生在教师的引导与熏陶下也会养成阅读的习惯。

其次,教师应该对教学理论知识有系统的把握,其中包含语言知识、语言习得知识、教学法知识等。另外,教师还需要具备科学的英语教学观。

再次，教师要具备全面的教学能力，主要包括教学组织能力与实施能力。英语教师必须对整体教学计划、具体教学计划都有所熟悉，从课程计划实施出发，实现三个计划的一致；教师应该对教学原则与教学步骤有所熟悉；教师应该选择恰当的参考书展开教学，对教学进度进行合理的安排；教师在课堂上应该保证科学准确、条理清晰、逻辑严密；教师教学活动的设计应该与学生的特点相符；教师要善于使用眼神、表情等肢体语言；教师要有较强的突发事件处理能力，保证课堂教学顺利展开；教师要能够运用现代技术来辅助教学，并且对多媒体技术能够熟练使用等。

最后，教师要使学生形成对学习风格的科学认知。

（1）学习风格没有优劣、好坏之分，每个人都有独特的学习风格。

（2）每个人都要努力发掘适合自己的学习方式，只有适合自己的，才能达到事半功倍的效果。

（3）学习风格是变化的，学习方式是多样的，在不同的学习环境中使用不同的学习方式，才会有更全面的发展。

2. 采用多样化的教学方法

采用多样化的教学方法是对学生学习风格差异充分了解的主要途径。根据多元智力理论，教师会不断发掘学生个体的相对优势智力与相对劣势智力，采用多种方法，发展学生的优势智力，并同时带动劣势智力的进步。

首先，课堂导入的形式不能拘泥于一种。教师在课堂开始之前，可以利用丰富的活动，用最短时间将学生的注意力吸引到课堂上，这种导入的形式可以采用游戏形式，也可以采用图像形式。

其次，课堂活动要丰富多彩。课堂教学活动的丰富性是为了满足不同学生的学习风格。常用的教学方法有简图法、情境法、故事法等。这些教学方法符合不同学生的学习风格，可以不断提升他们的学习效率。

3. 挖掘差异性的学习风格

首先,教师要尊重学生的差异,为学生提供人文关怀。不同学生之间存在学习风格的差异,教师不能否认这一点,应该予以尊重,并且能够预见这些差异对他们学习的影响。这对教师提出了一定的要求。

(1)教师要树立学习风格差异的教学观。每位学生的学习风格是独特的,教师应该按照学生的特点来尽量提供更多的机会,增强他们的学习动机和热情。

(2)教师为学生提供更多的人文关怀。教师应该在公平、公正的基础上,辩证地看待学生学习风格与教师教学风格的关系,平等对待每一位学生。

其次,学生应该弥补自己的差异,并不断丰富自身的学习风格。某一种风格不可能对所有的知识都适用,因此学生应该不断丰富自己的学习风格。学习风格具有相对的稳定性,但也是能够塑造的,通过后天的实践,学生可以塑造自身的学习风格。因此,在实际的教学中,教师应该对各种学习风格进行弥补,然后辅以与之相配合的策略,从而对学生的学习风格加以拓展。

二、尊重学生的学习动机

(一)什么是学习动机

动机(motivation)研究最初始于教育心理学,是指学习者为了满足某学习愿望所做出的努力。二语习得和外语教学界从20世纪70年代开始逐步深入研究动机对于外语学习的影响,我国外语学界则是从20世纪80年代才开始引入动机这一概念,但真正的实证研究则是从20世纪90年代才开始逐步展开的。

通常认为,学习者的动机程度和其学业水平是高度相关的。后来,甚至有研究在这二者之间建立了因果关系模型。动机可以有不同的分类方法。一般认为,动机可以分为两类,即工具型动机和融入型动机。前者指学习者的功能性目标,如通过某项考试或找工作。后者指学习者有与目的语文化群体结合的愿望。除了以上两类外,还有结果型动机(即源于成功学习的动机)、任务型动机(即学习者执行不同任务时体会到的兴趣)、控他欲动机(即学习语言的愿望源自对付和控制目的语的本族语者)。对于中国学习者而言,证书动机是中国学习者的主要动机。

　　学习者的学习动机是可塑的,激发学习者内在动机是搞好外语教学的重要环节,个人学习动机是社会文化因素的结果。这个发现对于中国各个层次的语言学习者都是如此,也可以解释国内近些年来的语言"考证热"。值得一提的是,无论是工具型动机,还是融入型动机,都会对外语学习产生重要的影响,所以动机类型并不那么重要,重要的是学习者动机的水平。

　　此外,也有学者将动机分为内在动机和外在动机。内在动机(intrinsic motivation)是指学习者发自内心地对于语言学习的热爱,为了学习外语而学习外语;而外在动机(extrinsic motivation)则是由于受到外在事物的影响,学习者受到诸如奖励、升学、就业等因素的驱动而付出努力。这一分类与前一分类有相似之处,但是不可以将二者等同,它们是从不同方面考察动机这一抽象概念的。

　　在对待动机这一问题时应该注意:动机种类多样,构成一个连续体,单一的分类显得过于简化;另外,动机呈现出显著的动态特征,学习者的动机类型可能随着环境与语言水平的变化而发生变化。比如,一位学习者最初表现出强烈的工具型动机,认为学好语言是考上大学、找到好工作的前提;但是随着其语言水平的不断提升,他开始逐渐接受语言及其附带的文化,想要去国外读书甚至是移民不同的国家,这时他的动机类型就变为融入型动机了。

　　近年来国内对于动机的研究表明,中国语言学习者的动机类型以工具型动机为主,并且动机与学习策略、观念之间的关系较为稳定。另外,学习成绩与动机水平之间呈现出高度相关。这些

第二章　大学生英语自主学习能力培养的理念

研究发现对于外语教学具有启示作用：外语教学中应该重视学习者的动机培养，培养方式可以多种多样，如开展多样的语言活动、提高课堂的趣味性、鼓励学习者课外阅读等。

（二）如何激发学生的学习动机

当人们认识到学习动机对于外语学习的重要性后，如何激发学生外语学习的动机逐渐引起了人们的关注和重视。J.布罗菲（Jere Brophy）提出了对教师和学生具有重要指导意义的激励学习动机的方法，具体如下。

1. 树立学习信心

自信心表现为个体对自身的评价、态度和认识，对于外语学习有巨大的激励作用，是进步的基础和成功的动力。具体而言，教师可以从以下几个方面树立学生的信心。

（1）制订确实可行的、能够促进学生学业进步的教学计划。

（2）对水平较低的学生给予额外的辅导和帮助。

（3）重视对学习过程的评价。

（4）帮助学生正确对待失败综合征。

2. 激发内在动机

内在动机对学习者的学习有着持久而强有力的促进作用，能够使学习者始终保持着较高的学习兴趣，所以教师应注重对学生内在动机的激发，具体教师可采用以下几种方式：

（1）关注学生的能力需求，在设计教学活动时，提供训练多种技能的有特色的、有意义的任务。

（2）在教学活动中培养学生的动手、动脑能力。

（3）以符合学生的兴趣为教学活动设计的前提。

（4）关注学生的归属需求，多设计一些合作型任务。

3. 激发外在动机

虽然外部动机没有内在动机的作用大，但对学生的学习也有一定的促进作用,教师可以从以下几个方面来激发学生的外在动机。

（1）重视对学生的学习过程给予评价。

（2）表扬和鼓励学生学业上的进步。

（3）提倡适当的、合理的竞争,并给每位学生提供平等的竞争机会。

（4）引起学生对外语学习工具型价值的重视。

4. 遵守教学原则

教师在开展教学、激发学生学习动机的过程中,应遵循一定的教学原则,具体包含以下几项。

（1）重视学习动机中的期望和价值因素。

（2）教学的目的是使学生理解、欣赏和应用所学知识。

（3）将课堂打造成为学生共同参与合作性学习活动的社区。

（4）使用权威管理和社交策略。

（5）尽可能增加自身和课堂对学生的吸引力。

（6）首先注重培养学生的学习动机。

第三节　培养学生应用学习策略的能力

一、什么是语言学习策略

学习策略是心理学不断发展的产物,与学习者的认知方式紧密相关。现代心理学研究的不断深入使人们认识到人脑的学习机制是可以探知的领域,与此同时也促使第二语言习得的研究逐渐由"教"转向"学",转向对学习者及其学习策略的研究。这里需要区分学习者策略和学习策略这两个概念,学习者策略是学习者在学习过程中所采用的各种策略,除了学习策略还包括元认知策略,认知策略等,也就是说二者是全集和子集的关系。国内外

第二章　大学生英语自主学习能力培养的理念

对学习策略的研究主要有两种：描述性研究和介入性研究。

吴勇毅（2001）介绍了这两个方面的学习策略研究，他指出学习策略的"描述性研究"主要是确认学习者使用了何种学习策略，并进行定义和分类，同时进一步发现学习者如何选择和使用策略，以及这些策略是否有效。"介入性研究"建立在描述性研究的基础上，期待将描述性研究的成果应用到教学中，教给学习者有效的学习策略，并引导他们根据个人特点和学习目标选择适合的策略以帮助他们提高学习效率。另外，在学习策略的定义和分类方面，钱玉莲教授做了不少研究。

钱玉莲（2004）在综述二语学习策略研究现状的基础上，认为学习策略研究应该分国别，分课内与课外进行研究，强调探讨汉语学习中的一些特殊策略。钱玉莲（2005）指出了前人学习策略分类的不合理之处，她基于教学实际，对第二语言学习策略重新进行了系统的分类，并确立了一个基于教学的第二语言学习策略框架体系，该体系包括"宏观策略体系和微观策略体系"。钱玉莲（2006）进一步总结了学习策略的定义及特征，然后和相关概念做了系统对比与辨析，以期帮助人们更好地理解相关概念的异同点。

国外关于学习策略的研究开始于20世纪六七十年代，那个时候的研究主要是描述学习者使用的各种策略，并试图揭示语言习得成功者的学习策略，进而发现有利于提高学习效果的学习策略。20世纪80年代以后，在二语习得理论和认知理论的支持下，学习策略研究发展很快，而且有了更为详细和科学的分类，其内涵和外延都不断扩大，然而始终缺少一个统一的理论框架，并且研究者们对学习策略的认知和定义也并不一致。20世纪90年代以来，大量的实验研究拓展了学习策略研究的领域，人们认识到成功地习得一门语言远比人们想象的要复杂得多，学习者的性格、爱好、学习观念、奖惩制度等各种因素都会影响学习者学习策略的选择。成功的语言习得者所采用的策略并不一定适用于所有学习者，教师在引导过程中要考虑学习个体的性格差异、年龄差异、文化差异等诸多因素,同时学习策略的发挥是存在各种变量因素的。

迄今为止,研究学习策略的结构和层次,给学习策略分类,学者们做了大量的工作。在国内学者中,以外语界文秋芳(1995)的分类最有影响,她将策略分为两大类:管理策略和语言学习策略。前者与学习过程相关,而后者则与语言学习材料相关。

国内学习策略的研究成果早期主要集中在外语教学界,他们最先引进和介绍国外的学习策略理论、个案分析、调查和实验研究。比如,吴增生(1994),庄智象、束定芳(1994),秦晓晴(1996),张日美(1998)等都从宏观的角度分别介绍了国外的学习者策略研究以及学习者策略研究的意义、方法、主题和分类以及成果。王初明(1990)和文秋芳(1995)则采用调查和描写的手段探讨了外语学习者的策略和方法。

从微观的研究来看,吴一安(1993),文秋芳(1991、1995、1996)分别就学习策略和成绩的关系进行了研究。卜元(1992)、王文宇(1998)则描述了不同的词汇记忆策略。张文鹏(1998)研究了外语学习动机和策略运用的关系,得出具有强烈学习动机的学习者可能会使用大量不同的学习策略。刘治、刘月珍(2000)则系统介绍了国外二语习得学习策略的介入性研究,主要包括理论基础、操作程序和有效性等几个方面。

我国汉语习得研究中对学习策略的研究还处于起步阶段。但学者们的研究大多比较务实、细致,针对具体问题提出解决方案。

吴平(1999)通过对留学生汉语写作错误的分析,探讨了留学生经常错误使用的四种学习策略,包括"(语际/语内)转移、(过度)概括、简化和回避"等。

江新(2000)采用语言学习策略量表(SILL)对留学生汉语学习策略进行了研究,分析讨论留学生母语背景、性别、学习时间长短及汉语水平高低对汉语学习策略使用的影响。其结论与徐子亮(1999)恰恰相反。

第二章　大学生英语自主学习能力培养的理念

吴勇毅(2001)认为徐文所采用的统计方法没有江文的科学和细致。这表明,在进行学习策略等研究时,统计方法的科学使用以及分析的是否合理细致是至关重要的。

钱玉莲(2006)基于一个访谈和开放式调查,建构了一个《中文阅读学习策略量表》,并用该表调查分析了中高级阶段韩国留学学习者的阅读学习策略。结果表明:韩国学习者在阅读观念和学习策略的使用上不存在显著的性别差异;但是不同年级韩国学习者在使用超文本观念、选材策略、预览策略和互动策略时有显著的差异;推测和语境策略是韩国学习者最常用的,然后是标记、略读和预览策略,母语策略及互动策略最不常用;预览策略可以在一定程度上预测韩国学习者学习成绩。

吴勇毅、陈钰(2006)采用量表测试对24名外国学习者的听力学习策略展开了调查和研究。通过对善听者和不善听者的对比分析发现,二者在听力时采用的策略,包括元认知策略、认知策略和情感策略等差异明显。前者在听力过程中,不仅关注意义,也很注意语言的形式,他们会使用多种策略,以达到主动参与而不是被动接收的目的,这样使得他们在策略选择上更为灵活多变,遇到的困难也就更少。

马明艳(2007)进行了一项个案研究,对象为非汉字圈国家一个汉语零起点的留学学习者,她以学习者课堂笔记以及作业中的汉字为研究材料,从"书写错误、字形策略、记忆策略、应用策略、复习策略、归纳策略"等角度,研究了该学习者各阶段汉字学习策略的特征以及学习策略的发展趋势,同时她采用汉字测试和调查等辅助方式,对该生不同阶段学习策略的使用及发展趋势做了对照性的研究。

吴勇毅(2008)采用访谈等方式对意大利学习者汉语学习策略进行了个案研究。以学习者在口语学习时使用的策略为研究对象,发现了一些规律:"在汉语作为外语的环境下,好的学习者大都会采用一种'寻找和建立固定的语言伙伴'的学习策略。"作者还指出:个案研究的特殊性可与大量样本的定量分析相互作用,从特殊与普遍两个角度帮助我们深化认识。

钱玉莲、赵晴菊(2009)对留学学习者汉语输出学习策略做了探讨和研究,具体内容包括汉语输出学习策略研究的理论基础、留学学习者汉语口头输出学习策略研究、中外学习者汉语书面输出学习策略比较研究、对外汉语输出技能教学对策研究等。对推动外国学习者汉语输出学习策略的深入研究起到了积极作用。

鉴于汉语的特殊性,在进行学习策略理论基础研究的同时,应更多地进行针对汉语特点的学习者策略研究。在全球范围内,不同文化圈的学习者在习得语言时采取的策略也可能是有规律性区别的,因而进行不同文化圈学习者策略的对比是有必要的。学习策略的有效性以及培训的实验研究不管是在外语教学界还是在对外汉语教学界都应该逐步深入。

二、如何培养学生应用学习策略的能力

(一)元认知策略

1. 元认知策略的内容

(1)预先准备,是指预先全面了解学习的原理和概念。

(2)预先预习,是指预先演练和计划语言结构,为将要学习的语言任务做好充足的准备。

(3)定向注意,是指预先决定好将注意力集中在哪一项学习任务上,忽视无关的干扰因素。

(4)选择注意,是指预先决定关注语言输入的哪些情节细节和哪些具体方面,实现对语言输入的短时记忆。

(5)自我管理,是指认识和了解对学习有利的各种条件,主动创造这些条件。

(6)自我监控,是指注意语言表达的得体性和正确性,对于语法、语音、措辞等方面的错误要进行及时更正。

(7)延迟表达,是指有意识地在初级阶段先通过听力理解、

第二章 大学生英语自主学习能力培养的理念

吸收,推迟表达。

（8）自我评价,是指检查自己的语言学习结果是否准确、完满。

2. 元认知策略的培养

（1）培养学习者的元认知意识

在元认知策略的内容之中,主要是为了培养学习者的元认知意识。所谓元认知意识,即学习者从自身的学习规律与条件出发,对自己的学习活动进行自觉组织的能力。培养学习者的元认知策略有助于学习者对自己的学习进行更好的管理与支配,使学习者成为学习的主导。在教学中,教师不应该仅仅教会学习者获得知识与体验,还应该鼓励他们进行突破,从而获取新的学习手段与方法。

（2）训练学习者的元认知监控调节策略

教师要想建立的课堂以学习者作为中心,就需要将学习者的能动性发挥出来,让学习者运用规划、调控等策略,管理与监督自己的学习行为与过程。

同时,教师也需要发挥好示范与促进的作用,为学习者安排学习任务的同时,与学习者一起完成任务,这样可以使学习者主动参与其中,明确自己的目标与内容,对每一次的学习机会都能把握牢固,对自己的学习过程加以管理与监控。

（二）认知策略

1. 认知策略的内容

概括来讲,认知策略主要包括以下内容。

（1）复述,是指将输入信息中需要记忆的内容进行复述。

（2）组织,是指根据句法属性或语义对概念和词等进行分类。

（3）猜测,是指运用书面信息或口语来预测结果、猜测词义、填补空缺信息。

（4）总结,是指对输入信息进行周期性的总结,以便更好地记忆。

（5）演绎，是指运用一定的规则来理解语言。

（6）归纳，是指通过使用例子来总结规则。

（7）意象，是指运用视觉表象来实现对新信息的理解和记忆。

（8）迁移，是指通过对已有语言知识的运用促进新的学习任务。

（9）精加工，是指在已有信息与新信息之间，或在新信息之间建立命题联系并加以整合。

（10）注意，是指将思想集中于重要信息或与学习有关的信息上，要对信息材料保持高度的警觉。

（11）简化，是指运用数字、符号、缩写、关键词等记录和储存信息。

（12）联想，是指建立起知识之间的联系。

2. 认知策略的学习

语言教学除了要对学习者的语言能力进行培养，还要积极发展学习者的认知能力，以帮助学习者有效解决自己在学习和生活中遇到的各种新问题。也就是说，在学习者的语言学习中，要积极促进其认知的发展。

（1）积极引导学习者养成良好的观察习惯

心理学的相关研究表明，一种行为要想被牢固、稳定地保持下来，必须要成为习惯或者说成为动力定型。因此，要想学习者不断提高自己的观察力，必须使其养成自觉观察、勤于观察的好习惯。

（2）积极激发学习者的观察兴趣

在对学习者的观察力进行培养时，一个重要的前提就是激发学习者的观察兴趣。在这一过程中，既可以通过讲述名人善于观察的故事来诱发学习者的观察兴趣，也可以结合语言学习行为来激发学习者的观察兴趣。比如，在讲解英语课文时可以通过观察直观教具的方式，帮助学习者在理解课文的同时，提高自己的观察力。

（三）社会策略

1. 社交策略的内涵

社交策略是指向他人学习和与他人学习的策略，在此过程中，学习者可以通过合作学习的活动形式与他人进行互动以促进学习，还可以通过澄清、询问或使用某种情感来协助一项学习任务。

社交策略包括三个方面的内容，即询问别人、与别人合作、移情。

询问问题是社交互动中最基本的策略，也是学习者从中受益匪浅的行为。通过询问问题的方式，学习者可以更好地接近语言中所隐含的意思，促进对语言的理解。询问问题还有助于鼓励学习者与同伴进行对话，刺激学习者的投入与兴趣，也是对学习者表达技能的间接反馈。

与更熟练的目标语使用者或同伴进行合作对语言学习也是十分有必要的。

移情是指站在别人的角度为别人着想以便能够更好地理解别人观点的一种能力。换句话说，就是通过换位思考的方式去体验他人的情感。在任何语言中，移情对交际成功的作用都是非常巨大的。

2. 社交策略的培养

根据社会策略的内涵，对学习者社会策略的培养应该从以下几个方面着手。

（1）提高文化意识

在语言学习过程中，学习者常常会因为东西方文化的巨大差异而遇到语言障碍。不同民族有其自身独特的语言，这些语言都是民族文化特色的重要组成内容。在英语学习过程中，教师要引导学生正确认识语言与文化之间的关系，并正视不同文化之间存在的客观差异,从观念上进行思维转换,帮助学生形成更加完善的认知。只有这样,学生才能消除语言学习中因文化差异而引起的不必要的误读,加深对英语学习的理解与掌握。在具体的教学过程中,教师要从不同层面出发,如词汇、句法、语用、思维等,对中西方文化进行科学对比,提高学生的跨文化交际意识和能力。

(2)创造使用社会策略的良好氛围

为了提高学习者运用社会策略的效率,教师要注意激发学习者的交际动机。教师应该鼓励学生参与一些跨文化交际活动,让他们对不同文化的差异性有亲身的感受,通过与不同文化背景下的人们进行交流,习得应变能力,并运用所学的知识对跨文化交际中遇到的交际行为问题进行有效解决。在不具备目的语环境下,学生能够运用到的最有力资源就是外籍教师,现在很多高校都有外籍教师,学生多和他们进行交流,观察他们在说话时所运用的交际手段与行为,这样能够不断提升自身的跨文化交际能力。

(3)组织言语交际活动

课堂时间毕竟有限,学生难以得到充分的交际训练,因此不能仅仅依靠课堂教学培养学生的跨文化交际意识与能力。对教师来说,应有效利用课外时间,努力创设第二课堂,组织各种课外活动,营造一个自然的英语学习环境。教师可以结合具体教学情况,组织与跨文化交际主题相关的言语交际活动,如学习沙龙、英语角、英语辩论赛、英语演讲比赛、英语话剧表演等活动。这一方面可以激发学生对英语学习的兴趣,另一方面学生通过参与这些活动,可以得到训练,提高跨文化交际能力。此外,教师可以鼓励学生阅读优秀的英语国家文学作品,或欣赏反映中西方文化差异的优秀影视作品,在阅读和欣赏中学习文化知识,提升文化素养。

第三章　自主学习能力培养下的大学英语词汇与语法教学改革

人们要想全面掌握一门语言,首先需要学习这门语言的词汇与语法。因为词汇是语言最基本的构成要素,语法是这门语言的规则体系。在自主学习能力培养下,学生的词汇学习与语法学习显得尤为重要。本章就对这两者展开分析和探讨。

第一节　大学英语词汇与语法教学面临的问题

一、大学英语词汇教学面临的问题

(一)教师的问题

1. 教学方法单一,脱离英语语境

词汇的掌握对英语语言学习的重要性是不言而喻的,但词汇的记忆和掌握的过程又是枯燥和困难的,这就需要教师来缓解这种枯燥,需要教师创新教学方法来创设教学情境,营造教学氛围,激发学生学习的积极性和动力。但是,就目前大学英语词汇教学的现状来看,教师并没有将心思花在教学方法的创新上,而是依然采用陈旧的教学方式,即教师领读单词,讲解词汇用法,学生记忆单词。基于这种课堂教学模式,学生的主体地位被忽视,学生只能被动地学习和记忆,积极性根本无法调动起来,甚至还会产生抵触情绪。此外,教师在教学中对词汇的整体性认识不足,未能将词汇放到具体的句子或情境中,最终导致学生对一词多义理解不深,限制了学生综合能力的提升。

实际上,任何一种语言都产生于实际应用,要想掌握地道的语言,必须浸淫在相应的语境中。我国的英语教育倾向仍十分明显,很多学生学习英语是为了通过考试,教师也将通过考试作为教学的目标,这样一来,就将英语语境的创设与英语教学割裂开来,只追求语言的外在表达方式,而不深入探究其内在的文化与逻辑,从而使得学生用汉语思维去理解应用。例如,"玫瑰"(rose)这一词语在英汉文化中都象征着爱情和美好,除此之外,在中国常用"带刺的玫瑰"形容那些性格刚烈的女子,而英语中常用 under the rose 表示要保守秘密,英语中 rose 的这一文化含义源自英国旧俗,如果在教学中不对此进行说明,学生很难理解和掌握其含义。但实际上,很多教师只从词汇处着手,而未创设语境,这样很难让学生充分体会英语这门语言的魅力,也难以让学生更好地投入学习。对此,教师在教学中应创设符合英语文化背景的语境,从而为学生营造一个英语交流环境,培养学生的英语思维,锻炼学生的词汇运用能力。

2. 教学效果不佳

词汇的学习和掌握要借助记忆来完成,但记忆是一个漫长的过程,如果学生不能在课后及时进行复习和巩固,记住的单词往往会在短时间内忘记(曹国文,2020)。在海量的词汇面前,学生常常会表现出畏惧感,由于缺乏高效的学习方式,加之教学方法单一,使得学生的学习热情不高。而且,教师也未能为学生提供应用的机会,这样学生通过死记硬背方式记住的词汇很快就忘记,进而导致教学效果低下,学生的交际能力也受到限制。

3. 忽视跨文化意识培养

很多英语词语意义深刻,蕴含着丰富的文化信息,这些词语

第三章　自主学习能力培养下的大学英语词汇与语法教学改革

称为"文化负载词"。经调查显示,很多学生对这些文化负载词完全不了解。这种情况在很大程度上体现了教师在词汇教学中忽视了文化负载词部分,未有意识地运用跨文化意识来培养学生的词汇能力。具体而言,教师存在的问题体现在以下几个方面。

首先,对文化教学不够重视。这具体体现为以下几点:教师在备课环节的教学目标没有文化意识目标,教师消极地跟随应试教育的脚步,学校很少组织与英语相关的活动。

其次,教师自身的文化素养不高。大学英语教师虽然具备了扎实了英语专业知识,但英语文化素养有所欠缺。作为学生的榜样,如果教师的文化素养不高,自然也就无法提高学生的文化素养。

最后,文化教学方法不当。教师文化教学的方法比较单一,基本上是讲授法、多媒体展示法等,大部分教师只是在课堂教学中偶尔提到一些特殊词的文化背景,而很少有意识地渗透文化知识。这种教学方式就造成学生只了解词汇的表面意义,而不理解词汇的深层文化内涵。

事实上,跨文化意识和词汇教学是相辅相成的,教师在词汇教学中融入文化知识,能够提升学生的词汇能力和跨文化意识,而词汇量的增加又能进一步帮助学生更好地理解西方文化,培养自身的跨文化意识。

(二)学生的问题

1. 重知识记忆,轻思维锻炼

在词汇学习过程中,很多学生仅仅依靠死记硬背来记忆单词,这种方法并未将思维的锻炼融入进去,学生也很快忘记。实际上,每一个单词都有应用的语境,只有在具体的语境中,才能保证准确性,因此学生在对词汇加以理解时需要从具体的语境出发,这样才能实现学生词汇学习的效果。

忽视英语思维的培养是在长久的汉语语境熏陶下产生的惯性思维,很多学生都习惯运用汉语的语言逻辑去理解、解释和使用英语,由于英语和汉语二者背后的文化与逻辑存在差异和冲突,因此必然会影响学生对英语的有效运用。实际上,无论是英语还是其他语言,只有深入了解语言的内在逻辑,才能做到自如运用。英语思维的培养不是仅仅记忆单词或背诵句子就能做到的,还需要学生充分理解英汉语言背后的文化历史,这样才能做到掌握英语这门语言。

2. 语义内涵的理解程度差

我国学生是在汉语环境下学习英语的,所以在理解英语词汇的语义内涵时,会不同程度地受到汉语文化的影响,而英汉词汇之间的语义不对等现象会对学生的词汇理解带来困难。具体而言,一方面,学生在本民族文化传统的影响下会形成思维定式,在理解英语词汇时会出现文化语义的偏差;另一方面,中西文化观念冲突会让学生思维混乱,对英语感到束手无策。如果教师忽视词汇文化背景知识的输入,学生在理解英语词汇时就会出现偏差,甚至会在使用中产生误用问题。

3. 缺乏探究意识

一般来说,在大学阶段,学生应该主动地去学习词汇,但是在实际的英语词汇学习中,很多学生仍旧从教师那里获取,未寻找其他的获取渠道,这样的学习就是被动的学习,长此以往,词汇掌握的量也是不充分的。同时,学生不会去主动探究词汇,也无法得知词汇的文化背景知识,这样的词汇学习也会逐渐缺乏兴趣和积极性。

二、大学英语语法教学面临的问题

(一)教师的问题

1. 语法教学弃而不教或边缘化

大学英语教学一直都在不断变革,教学内容随之不断改变,

第三章　自主学习能力培养下的大学英语词汇与语法教学改革

而随着 2004 年《大学英语课程教学要求》(试行)的颁布,大学英语语法教学内容退出了大学英语教材,大学英语语法教学也从大学英语教学中退出,最终导致大学英语语法弃而不教或边缘化。这具体体现在两个方面。首先,教材中没有了语法内容,教师便失去了教授语法的依据和大纲,学生也将无法系统地获取语法知识。其次,课时安排不合理,大学英语教学中多是精读课与泛读课,没有相应的语法课,即使教师讲解语法知识,也是零星的和碎片化的。实际上,语法对于英语语言的学习是至关重要的,语法贯穿于英语学习的始终,对英语综合能力的提升起着重要所用,所以教师不应忽视语法教学,而应积极开展语法教学,丰富学生的语法知识,提高学生的语法能力,为学生的英语综合应用能力打好基础。

2. 教学方式单一

英语语法知识繁多,学习起来十分枯燥,因此很多学生都对语法学习缺乏兴趣。想要改善这种现状,就需要教师创新教学方法,增添语法教学的乐趣,激发学生学习的积极性。但是,当前的大学英语语法教学并不乐观,教师依旧采用陈旧的方式展开,占据课堂的主体,这样学生的学习仅是被动的学习,不仅与教育理念不符,也不利于学生的学习,很难发挥学生的主观能动性。

(二)学生的问题

1. 语法意识薄弱

大学生在中学阶段已经进行了很长时间的语法学习,普遍感到枯燥乏味,因此他们认为到了大学阶段就没有必要重点学习语法了。实际上,尽管到了大学阶段,语法依然是英语学习的重要内容,因为不掌握丰富和准确的语法是不可能准确、流利地进行交际的。

2. 缺乏有效的学习方法

大多数学生语法学习的效率非常低，其中一部分学生是因为掌握的学习方法不正确，从而使得语法知识的掌握较为松散，不能成为一个系统。在语法学习中，学生往往比较被动，通常是遇到新的问题之后才会回去学习语法知识，而当他们学习完一篇文章之后，又把语法学习抛之脑后了，这样的学习是很难提升学生的语法能力的。

第二节　自主学习能力培养下的大学英语词汇教学改革

一、大学英语词汇教学概述

（一）词汇的内涵

词汇是构成语言整体的重要细胞，是语言系统赖以存在的支柱，"如果把语言结构比作语言的骨架，那么是词汇为语言提供了重要的器官和血肉"。可见，词汇对于语言以及语言学习非常重要。那么什么是词汇呢？关于这一问题，不同的学者有着不同的解释，可谓见仁见智，以下就对一些有代表性的观点进行分析。

路易斯（Lewis）对词汇进行了解释，他将词汇称为"词块"（lexical chunk），并把词块分为四种类型：单词（words）和短语（polywords）、搭配（collocations）、惯用话语（idioms）、句子框架和引语（sentence frames and heads）。

陆国强指出，词是语音、意义和语法特点三者相统一的整体，是语句的基本单位，而词的总和构成了词汇。

总体而言，词汇是包含词和词组在内的集合概念，能够执行一个给定的句法功能，是基本的言语单位。

关于什么是英语词汇教学，王笃勤认为，英语词汇教学是一项包含教学的进程和活动的策划在内,将词汇讲解作为教学内容,以学生充分认知和熟悉应用词汇为目标的教学活动。

简单来讲,词汇教学涵盖的范围十分广泛,而且是教学中最基础、最重要,也是最困难的环节。

(二)大学英语词汇教学的原则

1. 词汇运用原则

学习词汇并非为了单纯记忆词汇,而是为了在交际过程中有效运用词汇,因此在大学英语词汇教学中,教师应遵循词汇运用原则。这一原则是指教学中教师不仅要讲授词汇知识,还要引导学生对词汇加以运用。具体而言,教师在教学中要设计符合学生学习特点的教学活动,让学生积极参与教学互动,进而锻炼学生的词汇运用能力。

2. 新潮性原则

在科技迅速发展的大数据时代,大学生们有着开放的思想、新潮的想法,而且无论是学习还是生活,都与信息异常密切。对此,大学英语词汇教学应顺应社会的发展趋势和学生的需求,与时俱进,具有新潮性。教师除了教授教材中的词语,还可以适时传授一些热门新词,如 selfie(自拍),bestie(闺蜜)等,这样学生就会切实感受到语言的鲜活性和发展性,学习词汇的积极性和兴趣也会随之提高。

3. 情景性原则

词汇教学不应孤立进行,其应做到词不离句、句不离段,设置情景,借助情景教授词汇。学生善于模仿、记忆力好、听觉敏感,所以教师应抓住学生的这些特征,为其创设真实的语言情景。教师应根据教材的内容,努力为学生创设良好的语言环境,让学生在较为真实的语言情景中,积极开展练习活动,坚持听、说、做相结合的原则。在情景中教授英语单词,一方面有利于学生对词义的理解,加强记忆;另一方面,方便学生将所学单词应用于交际活动中。

4. 重复性原则

遗忘是伴随着记忆而行的,在学生的词汇学习中,不可避免地会产生遗忘问题,每天如果不加以复习和巩固,将很难掌握词汇,对此大学英语词汇教学应遵循重复性原则。这一原则是指在教学中将新旧词汇结合起来,利用已教授过的词汇来教授新的词汇,以便让学生对旧的词汇加以巩固,同时有效拓展和掌握新的词汇。

二、自主学习能力培养下大学英语词汇教学改革的方法

目前,大学英语词汇教学存在着诸多问题,教学现状并不理想。对此,基于自主学习能力的培养,为了切实提高大学英语词汇教学的效果,提升学生的词汇水平,就需要在遵循基本教学原则的基础上,对教学方法进行优化,即选用新颖有效的方法开展教学。

(一)文化知识法

在词汇教学中,教师可以采用教授法开展文化教学,即教师直接向学生展示文化承载词的分类及内涵等,同时通过图像、声音结合的方式列举生动的例子加以说明,直观地培养学生对文化的兴趣。只有熟悉了英语文化,才能让学生透彻地了解英语词汇。学习语言时不能只单纯地学习语音、词汇和语法,还要接触和探索这种语言背后的文化,在语言和文化的双重作用下,才能真正掌握英语这门语言。采用直接讲授法讲授文化,既省事又有效率。而且这些文化不受时空的限制,方便学生查找和自学。

例如,"山羊"/goat 一词,在汉语环境中,"山羊"一般扮演的

第三章　自主学习能力培养下的大学英语词汇与语法教学改革

是老实巴交的角色,由"替罪羊"这一词就可以了解到;在英语环境中,goat则表示"好色之徒""色鬼"。这类词语还有很多,如landlord(褒义)/"地主"(贬义)、capitalism(褒义)/"资本主义"(贬义)、poor peasant(贬义)/"贫农"(褒义)等,这些词语代表了人们不同的态度。在词汇学习过程中,要深入了解和尊重中西方文化,这样才能更好地将词汇运用于交际。

再如,根据当下流行的垃圾分类,教师可以让学生翻译这四类垃圾:干垃圾、湿垃圾、有害垃圾、可回收垃圾。大部分学生都会将"垃圾"一词翻译为garbage,实际上正确的翻译应是waste。由这两个词就可以看出中西方文化的差异。在英语中,garbage主要指食物或者纸张,waste主要是指人不再需要的物质,可以看出waste的范围更广,其意思是"废物"。当翻译"干垃圾"和"湿垃圾"时,学生又会翻译得五花八门,实际上"干垃圾"是residual waste,"湿垃圾"是household food waste。所以,学生有必要深入了解中西方文化的异同,这样才能学好词汇,才会形成英语思维,进而形成跨文化交际能力。

(二)创设情境法

语言只有在语境中才能焕发生机与活力,单独去看某个词汇很难在其中发现个中韵味,但是一经组合和运用,语言便有了生命力。因此,教师应创设信息丰富的环境,为学生提供真实的语言环境和大量的语言输入,使学生在逼真的语境中学习英语,给学生提供学习和运用词汇的机会。教师可以设计一些活动,如组织学生观看电影,然后指导学生进行角色扮演,让学生经历真实的跨文化交际情景,培养学生的跨文化交际能力。

除组织跨文化交际活动外,教师还可以组织一些课外活动,让学生切实感受英语文化魅力,扩大学生的词汇文化资源,培养学生的跨文化交际能力。例如,《疯狂动物城》这部动画片深受学生的喜爱,但大部分学生并没有注意这部影片的名字 *Zootopia*,也没有对其进行探究,觉得这是电影中虚构的一个地方。如果学生知道"乌托邦"的英文是 Utopia，可能会理解这个复合词 Zootopia 是由 zoo（动物）和 Utopia（乌托邦）结合而来。实际上，很多学生连汉语文化中的"乌托邦"都不了解，更不用说英语文化了。其实，"乌托邦"就是理想国，Zootopia 就是动物理想国，动物之间没有相互杀戮的地方。如果学生在观看电影前能对其中的文化进行探索，或者教师稍微引导，那么观影的效果就会更好，而且在欣赏影片的同时能掌握文化知识。

（三）课外扩充法

词汇学习不能仅依靠教师的课堂讲授，还要依靠学生的课外自主学习，对此教师应有效引导学生充分利用课外时间来自主扩充词汇量，丰富词汇文化知识。

1. 推荐阅读

教师可以向学生推荐一些课外读本，如《英语学习文化背景》《英美概况》等，让学生利用课余时间进行阅读。通过阅读英语名著，学生不仅能充分了解西方文化背景知识，扩大文化视野，还能积累丰富的词汇，了解词汇的运用背景以及词汇的文化含义，更能培养学生良好的自主学习习惯，促使学生终身学习。可见，阅读英语书籍对学生的词汇学习而言是非常有意义的。

这不仅能培养学生的自主学习能力，还能丰富学生的文化知识，扩充学生的词汇量。

2. 观看英语电影

现在的大学生对于英语电影有着浓厚的兴趣，对此教师可以借助英语电影来提高学生的词汇能力。具体而言，教师可以选取一些蕴含浓厚英美文化，并且语言地道、通俗的电影让学生观看。这样学生可以在欣赏影片的过程中，切实感受英美文化，提高文化素质和词汇能力，同时提升学习词汇的兴趣。

（四）信息技术辅助法

1. 使学生在语境中掌握词汇具体用法

在词汇学习中，将其放在具体语境中，往往能起到事半功倍的效果。在英语语料库中，有大量和语境相关的实例，具体的实例主要是通过数据的方式呈现在学生面前。在语境中，学生的注意力能够被有效吸引，使学习的词汇知识得到强化，也能对相关使用规律进行总结。在语料库中，学生能了解使用频率较高的一些词汇，加强对词汇具体结构的了解，深化对语言现象的认识，实现对出现频率较高的单词的巩固与理解。就 outline 这个单词来讲，在教材中只是标注其主要是概要、轮廓、外形的意思，而在实际教学中，教师可以在语料库中进行检索。通过检索的方式不仅能够了解具体的用法，还能了解相应的使用频率，进而学生认识到这个词汇不仅能够当作名词使用，也能当作动词使用。在实际教学中，教师可以用演示的方式，使学生了解主要使用方式，使学生的自主学习能力得到加强。

2. 对近义词以及同义词进行检索

由于英语是一门非母语学科，因此学生在学习近义词的过程中存在较大难度。语料库在高校英语词汇教学中的使用，能够使学生在检索过程中，获得相应的参考，然后在此基础之上进行细致大量的分析。例如，destroy 和 damage 是两个近义词，那么在实际教学中，就可以在检索栏中将这两个单词输入进去，然后学生会在实际阅读中进行具体分析。同时，在学习完这两个词汇之后，也可以对自己在日常生活中遇到的近义词、同义词进行搜索，通过这种方式，方便了学生在学习中进行自主对比，使学生的自主学习意识和自主学习能力都能得到增强。

3. 在检索过程中了解不同词汇搭配

词汇搭配的概念提出已久，并且随着社会的不断发展，受重视程度越来越高，词语搭配考查了词项目，也考查了相应的语法结构以及框架。有相关学者认为词的搭配、语义选择、语义韵以及类连接之间存在紧密联系，它们实现了对词汇组合以及词义的表达，而比较普遍的则是动词与名词之间的搭配。

例如，想要了解 trend 这个词汇时，则可以在语料库中进行检索，如 short term trend, development trend, trend up 等，除了这些搭配用法之外，实际上 trend 还有很多用法。这种学习方式的使用，能够使学生在学习中对词汇搭配内容有更深入的认识与了解，同时在实际学习中可以将查找的内容和自己已知内容进行对比，找出二者之间的差异，进而在实际学习中更有针对性。

4. 进行词汇的复习与巩固

英语语料库在英语词汇教学中的使用，除了能够为学生创设情境，了解近义词、同义词的相关知识，认识词汇搭配，教师也可以利用这种方式，帮助学生巩固词汇。在巩固过程中，练习的方式可以是填空题、选择题，也可以是匹配题。在实际教学中，教师可以将检索出来的内容进行隐藏，然后让学生根据上下文进行猜测与分析，并且在教师挡住的部分，填入适当的内容，而在选择语料库时，教师需要以不同的学习内容为依据进行选择。

同时，在语料库中，学生可以实现对词汇内容的拓展，英语语料库中有大量的内容，能够成为学生在学习中的素材，学生可以根据自己的实际学习能力和情况进行选择，学习的范围便不仅局限在教材中，进而使学生学习到的知识能够有更强的实用性，实现对英语词汇的有效巩固。同时，这种方式的使用在一定程度上响应国家号召，加强了对互联网技术的使用，促进对学生学习能力的培养，使学生在实际学习中能逐渐形成良好的学习习惯，实现英语综合学习水平的提升。

三、自主学习能力培养下大学英语词汇学习策略与技巧

学生要想提升自身的词汇水平,仅仅依靠课堂教学远远不够,还需要自己主动地进行学习,但是学生在进行自主学习时,还需要具备一定的自主学习能力。具体来说,可以从如下策略与技巧入手进行提升。

(一)明确学习目标

词汇学习的目标是对学生学习进程加以指导的方向,能够避免学生盲目地学习词汇。根据阶段的不同,学生的词汇学习目标也不相同,具体来说可以分为短期目标、中期目标、长期目标。学生可以基于教师的指导,对自己的这些阶段的目标加以制订,尤其是每一个阶段学生词汇学习的数量。

学生的词汇学习短期目标可以从具体的学习课程出发,与本专业相联系;长期目标是与自身的职业倾向相关,展开方向性的学习,从而为之后的语言交际奠定基础。这种明确的目标能够让学生认识到词汇学习与自身之间的关联性,从而对词汇学习的重要性加以关注,提升他们词汇学习的积极性。

(二)掌握词汇记忆策略

在英语学习过程中,词汇学习是一个十分重要的环节,但由于英语词汇数量众多,再加上我国的英语学习缺少一定的语言环境,很多学生都认为记忆单词是一件困难的事情,"难记住,易忘记"成了学生词汇学习中无法逾越的门槛。对此,在大学英语词汇教学中,教师有必要向学生讲授记忆词汇的方法和策略,从而帮助学生更加高效地记忆和学习单词。

1. 归类记忆

(1)按词根、词缀归类

词汇记忆是非常枯燥的,但通过词根、前缀和后缀来记忆可

有效提高记忆效率,使学生逐渐扩大词汇量,而且也能降低词汇记忆的枯燥感。

(2)按题材归类

教师可以根据话题来引导学生进行词汇归类。日常的交际中常会涉及不同的话题,将与某一话题相关的词汇进行归类,可使学生的词汇学习形成系统,如图3-1所示。

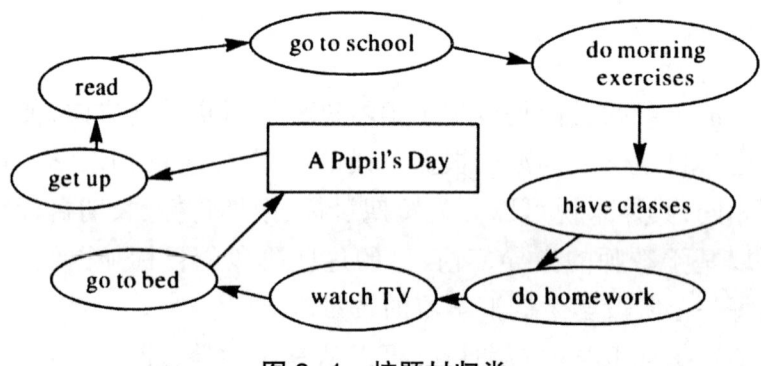

图3-1 按题材归类

(资料来源:林新事,2008)

通过图3-1可以看出,与"A Pupil's Day"这一话题相关的单词有很多,这样记忆更加系统,而且更加有效。

2. 联想记忆

联想记忆就是以某一词为中心,联想出与之相关的尽量多的词汇,这样不仅可以有效记忆词汇,而且可以培养发散思维,如图3-2所示。

通过图3-2可以看出,通过单词 meal 可以联想到与之相关的众多词汇,这不仅能提高记忆的效率,扩大词汇量,还能拓展思维能力。

3. 阅读记忆

词汇与其他语言技能有着密切的联系,如词汇与阅读就关系密切,因此可以通过阅读来记忆词汇。具体可以通过精读和泛读来记忆词汇,通过精读可以深入了解词汇的含义,通过泛读可以进行无意识记忆,加深对精读所学词汇的记忆。可以看出,经常进行阅读,不仅可以有效记忆词汇,还能加深对词汇的认识,了解词汇在特定语境中的运用情况。

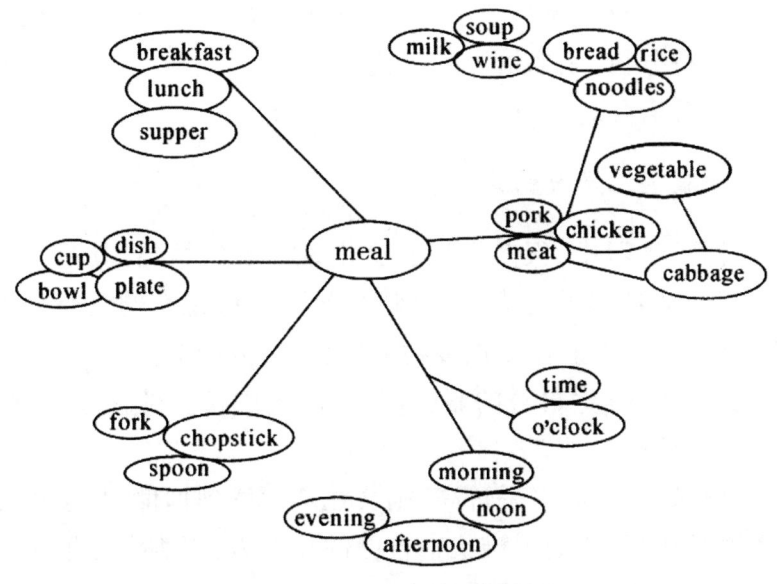

图 3-2 meal 的词汇联想

(资料来源:何少庆,2010)

(三)合理运用情感策略

在词汇学习中,学生会遇到很多困难与挫折,很容易产生负面情绪,这时候就要对自己的情绪加以控制,否则会逐渐放弃自己的词汇学习。具体来说,学生可以采用情感策略对自己的情绪加以调控。所谓情感策略,即在词汇学习中,对自己的情绪波动加以调控,减少出现消极情绪,保持一种乐观的姿态,为自己的词汇学习创造一个愉悦的氛围。

1. 树立学习词汇的自信心

心理学理论认为,在情感因素中,自信心是第一要素,其他要素是基于自信心建立起来的,只有具备充足的自信心,才能使其他情感因素发挥作用。有了自信心,人们的整个精神面貌才会焕然一新,充满斗志与决心。

当然,很多人的自信心不足,这可能是因为与其他同学相比自身所储备的词汇量不足,上课很难融入进去,很难表达自己的意见等。针对这些情况,学生不能急于冒进,而应该对自己落后的原因进行分析,采取恰当的措施,对自己予以鼓励,从而不断提升自身的自信心。

2. 克服词汇学习的焦虑

在词汇学习中,很多学生也会出现焦虑的情绪,其是一种以紧张、担心为特点的心态。心理学家认为,焦虑有的具有积极的价值,其可以对人的行为加以约束,是学习的内驱力,一定程度上焦虑能够维持学生自身的紧张度,不断集中学生的注意力,促进学生获得知识。

但是,如果焦虑水平过高,则会让学生感到抑郁,甚至焦躁不安、心烦意乱等,他们很难集中自己的注意力,很难专心地做一件事情,尤其是自己的词汇学习。

克服焦虑的方式有很多,可以向同学、朋友、家人诉说,也可以记日记描述,倾吐自己的心情。

第三节 自主学习能力培养下的大学英语语法教学改革

一、大学英语语法教学概述

(一)语法的内涵

对于语法的内涵,不同的学者有不同的界定。

弗里曼(Larsen-Freeman, D., 2005)认为,语法包含语形、语义、语用三个层面,三者关系紧密,如果任一层面发生改变,其他层面也会随之发生改变。

第三章 自主学习能力培养下的大学英语词汇与语法教学改革

库克与博尔斯（Cook，S. & Burns，A.，2008）认为，语法涉及的内容非常广泛，如传统语法、规定语法、语用能力、交际能力、结构语法等都属于语法的范畴。

厄（Ur，P.，2009）认为，语法被认为是在一种语言中，为了能够形成更长的意义单位，对词或者词组加以组合的手段和方法。

许国璋教授（1995）指出，语法制约着句子中的词汇、词汇关系。一种语言中的语法是对该语言中规则、规约制度的反映。基于这些规则、规约制度的指导，词汇才能组成合适的句子。

从上述定义中可知，人们对语法的界定更接近语言的本质。语法本身涉及静态与动态两种形式。就广义来说，人们的听、说、读、写、译五项技能需要语法手段的参与与描写。

（二）大学英语语法教学的原则

1. 综合性原则

综合性原则是指大学英语语法教学要采取恰当的教学方式，具体体现在以下几个方面。

（1）归纳教学和演绎教学相结合。这两种教学方式各有所长，教师在语法教学中要根据具体的内容，将二者有机结合，以归纳为主，演绎为辅。

（2）隐性教学与显性教学相结合。隐性语法教学在教学中避免直接谈论所学的语法规则，主要通过情景让学生体验语言，通过对语言的交际性运用归纳出语法规则（何宇丹，2007）。显性语法教学侧重在教学中直接谈论语法规则，语法教学目的直接、明显。根据学生的生理、心理特点，教师应尽可能避免机械、反复的语法识记和操练，应注重让学生在一个有意义的情景中感知、理解所教语法项目；然后为学生创设生动有趣的情景，让学生在交际活动中模仿、操练、巩固语法知识；最后，在学生理解并会运用的基础上，教师帮助学生总结归纳语法规则。语法教学应以隐性教学为主，适当采用显性教学，这样能激发学生学习语法的兴趣,帮助学生增强语法意识,培养语言使用能力。

(3)寓语法教学于听、说、读、写教学之中。学生的听、说、读、写四大基本技能的培养离不开语法,语法是为这些技能服务的。所以,教师要把语法教学贯穿在听、说、读、写教学之中,使语法真正服务于交际。

2. 实践性原则

传统的大学英语语法教学只重视知识传授,不重视技能培养,忽视语法的交际功能。《大学英语教学指南》注重学生能力的培养。教师要明确英语语法教学只是培养语言实践能力的桥梁,其目的是更好地培养学生听、说、读、写语言实践能力,进而达到用英语进行交际的目的。因此,语法教学必须突出其实践性原则。

行为主义学习理论认为,外语学习基本上是一个形成习惯的过程。其他流派也从不同角度提出了练习在培养语言能力中的作用。大学英语语法主要出现在单词、句型、文章中,教师在语法教学中必须以多种方式对语言知识进行实践练习,根据具体情况适当点拨,让学生在精读多练的基础上,熟练掌握语法知识,形成语感,从而建立一套新的语言习惯。

3. 交际性原则

在大学英语语法教学中,教师应遵循交际性原则,即恰当地运用多媒体设计课堂教学,创设合理的语言交际环境,使语言交际环境符合实际环境,从而帮助学生更好地掌握语法知识,提升交际能力。提高学生成绩并不是语法教学的最终目的,学会语法知识的使用才是语法教学的本质,所以语法教学应结合实际生活,培养学生的语法思维,提升学生的听说读写能力,提高学生的语言交际能力。

4. 文化关联原则

语法作为语言的内部规律,与文化有着密切的联系,即蕴含和反映着丰富的文化信息。对此,在大学英语语法教学中,教师应重视文化因素对学生语法学习的影响,并有意识地进行文化教学,创设英语语言环境,从而丰富学生的文化知识,切实提高学生的语法能力和语言交际能力。

二、自主学习能力培养下大学英语语法教学改革的方法

(一)文化对比法

文化对于语法教学影响深远,因此教师可以采用文化对比的方法展开教学,让学生对英汉语法的差异有所熟悉,培养他们的跨文化交际意识与能力。

众所周知,我国学生是在母语环境下来学习的,因此不知不觉地会形成母语思维方式,这对于英语学习而言是非常不利的,甚至在组织语言时也掺加了汉语的成分。基于这样的情境,英语教师就需要从学生的学习规律出发展开对比教学,使学生不断认识到英汉语法的差异,这样便能在发挥汉语学习正迁移的前提下,使学生掌握具体的英语语法知识。

(二)情境教学法

在大学英语语法教学中,教师可采用情境教学法开展教学,情境教学法有着包含语法规则和知识的真实环境,可以充分调动学生不同的感觉器官,激发学生学习的兴趣,可以让学生在接近真实的情境中确实参与到学习中,使学生系统地掌握语法知识。语法教学通过情境实现了认知与情感的联合,颠覆了过去只讲述语法规则的陈旧方法,学生有了使用语言的空间。而且,通过情境教学,课堂氛围更加活跃,师生关系更加和谐,学生的语法能力和交际能力会得到显著提升。具体而言,情境教学的教学途径包含以下几个。

1. 融入音乐，创设情境

青少年通常对音乐有着强烈的兴趣，因此在语法教学中，教师可将音乐与语法教学相融合，营造轻松愉悦的气氛，在聆听中学，在欢唱中学。例如，在讲授现在进行时这一语法时，教师可以让学生先欣赏歌曲，并让学生持有该曲的歌词，然后找出歌词中含有现在进行时的句子。这样既能激发学生的学习兴趣，分散学习的难点，又能使学生在不知不觉中学到知识。

2. 角色扮演，感受情境

在大学英语语法教学中，教师还可以组织学生进行角色扮演，让学生身临其境地学习语法知识。学生可以通过自己扮演的角色，体验相应情境下人物的言行举止、思想情感，深化所学知识，提高学生的人文素养。

3. 运用媒体，展示情境

在语法教学中，有些教学情境因条件的限制无法创设，但随着多媒体技术的发展及其在教学中的运用，这一缺陷被弥补了。多媒体教学素材丰富多样，包含图像、图形、文本、动画以及声音等，将对话的时空体现得生动和形象，图像和文字都得到了充分体现，课堂范围不再沉闷死板，学生的感官得到了调动，加深了学生的印象，提高了学生参与课堂教学的积极性，教学和学习效率也得到了显著的提升。

4. 设计游戏，领悟情境

设置符合学生心理和生理特征的语法教学游戏，可以激发学生的学习积极性，让学生积极参与其中。而且，生动活泼的游戏可以调动学生的多种感官，使学生原本觉得困难的语法结构也变得简单许多，从而使学生在潜移默化中掌握语法知识。

(三)三维教学法

在具体教学过程中,英语教师都倾向于两种教学方法,一种是注重语言形式或语言分析的教学方法,另一种是注重语言运用的教学方法。这两种方法各有侧重,但实践证明,将两种方法结合起来才会更加有效。从交际角度而言,语法不仅是各种形式的集合,语法结构也不仅有句法的形式,也可以运用具体的语言环境来表达语义,可以将这三个方面表述为形式、意义和用法。美国语法专家拉森·弗里曼(Larsen Freeman,1995)提出了基于Form,Meaning,Use 三个维度上的三维教学法,将语言的形式、意义和用法有机结合起来。其具体模式如图3-3 所示。

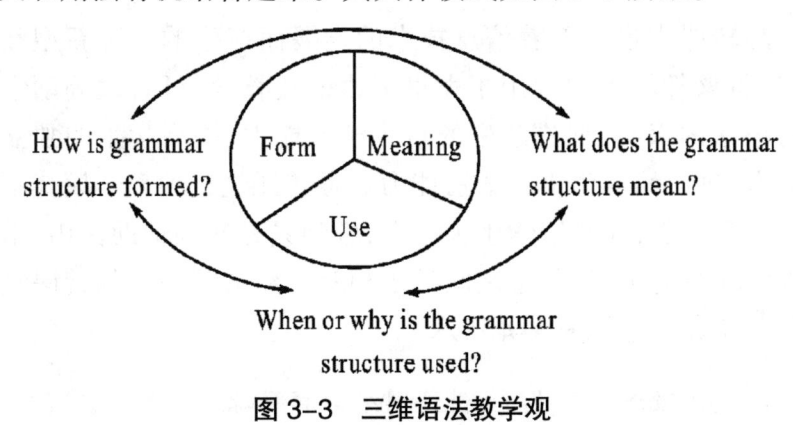

图3-3 三维语法教学观

(资料来源:邓道宣、江世勇,2018)

三维教学法的实施包含五个步骤:热身运动、发现语法、学习形式、理解意义、应用语法。

热身运动是对上一课堂要点的复习,然后通过一些参与性活动,如听歌、表演、竞赛等形式,让学生对新的内容有所了解,调动学生的背景知识,激发学生的求知欲望。

发现语法是指学生通过教师的讲解和引导,感知和发现语法现象。

学习形式是指学生在发现语法的基础上,以语法结构的形式总结出语法规则。在课堂教学中,这部分内容表现为回归课文阅读文章,通过阅读文章找出类似的形式和结构。这一阶段过后,学生能够为下一步理解、操练规则做好准备。

理解意义是指设计以意义理解为主的活动,从而促进学生对语法项目的理解,为语法的应用奠定基础。

应用语法是指教师为帮助学生掌握语法规则、提高其语法应用能力所设计的篇章意识强、交际性好、能够促进思维发展的活动或任务。

在具体的教学过程中,教师可以根据具体的教学情况对上述几个步骤进行调整。

(四)翻转课堂教学法

翻转课堂也是随着信息技术的发展而产生的一种新型教学模式,将该教学模式运用于大学英语语法教学,可有效调动学生学习语法的兴趣,促进学生的自主学习能力,提高学生的独立思考能力,进而培养学生的语法能力。翻转课堂这种教学模式不再以教师为中心,而是以学生为中心,教师只是起到辅助作用,学生是教学环节的重点,师生之间处于相互互动的状态。翻转课堂语法教学模式流程如图3-4所示。

1. 提升微课制作水平,借鉴网络教育资源

相较于传统的语法教学模式,翻转课堂最大的特点在于以视频微课代替了"黑板+粉笔"的教学方式。但对于已经习惯了传统教学模式的英语教师来说,很难在短时间内适应视频微课这种新模式,因此教师首先要熟练掌握微课的制作技术,灵活运用各种制作软件;其次要重视视频微课内容的整合与加工,在内容选择上要结合课本语法知识,并借鉴网络上优质的教育资源制作短小精致、内容丰富的数字化课程资源。

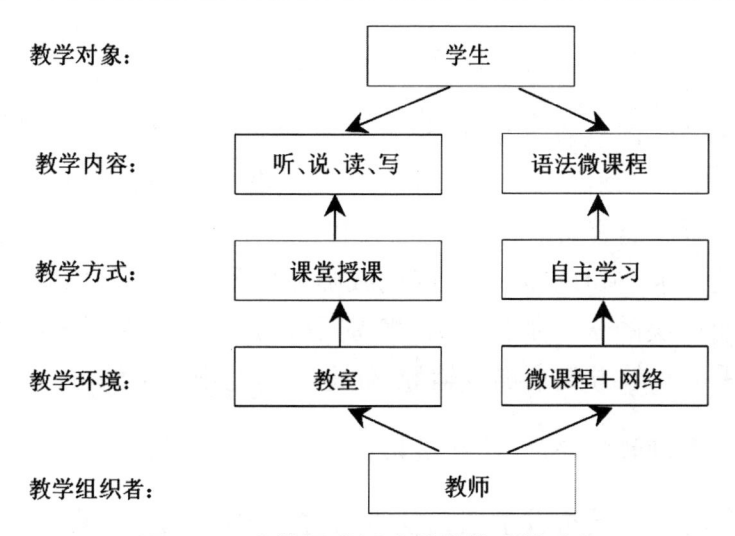

第三章 自主学习能力培养下的大学英语词汇与语法教学改革

教学对象:	学生
教学内容:	听、说、读、写 / 语法微课程
教学方式:	课堂授课 / 自主学习
教学环境:	教室 / 微课程+网络
教学组织者:	教师

图 3-4 翻转课堂语法教学模式的流程

(资料来源:张晨晟,2019)

2. 拓宽师生互动渠道,确保语法教学效果

制作视频微课是翻转课堂语法教学的前提,后期的检查、实施和监督是更加重要的部分,因此师生之间应保持多维互动。首先,教师要指导学生观看视频微课,并对学生的学习内容和时间进行计划,把握学生学习的进度;其次,教师要利用社交软件建立 QQ 群和微信群等,加强与学生线上线下的互动,对学生在自主学习中遇到的问题进行解答,促进师生和生生之间的讨论,实现英语语法知识的消化和吸收。

3. 关注语法难点,提升教师答疑解惑的能力

基于翻转课堂,教师将制作好的视频微课上传到网络平台,学生自行下载,并在固定时间内完成自主学习,而对于遇到的语法知识难点,除了课堂学习小组讨论外,更多由教师在课堂上统一解答或个别辅导。对此,英语教师应不断充实自身的语法知识储备,提升自己的语法能力,从而更好地解答学生的疑难问题。

4. 开展差异化教学辅导,促进学生自主学习

在翻转课堂教学模式下,教师要更新教学理念,改变传统的教学模式,主动融入和参与学生学习的各个环节,成为学生学习的指导者和监督者。由于不同学生之间存在的巨大差异,有着不同的基础水平和认知结构,因此教师需要采用不同的辅导方式来对不同层次的学生加以辅导,特别是对那些自律性不强的学生,更要采取有效方式来加以辅导,促进他们进行自主学习。

5. 重视教学评价,建立激励机制

翻转课堂语法教学重在学生的自主学习,为了掌握学生自主学习的频率以及参与程度,确保翻转课堂教学的效果,对学生进行考核评价就显得十分必要,而且这种考核要贯穿于课堂教学的全过程,并且评价形式要多样化,包括学生自我评价、小组评价、教师评价等多种考核评价形式。这种全方位的考核评价机制有利于教师掌握学生对语法教学的参与度和配合度,便于教师了解学生对语法知识的掌握程度,而且对学生有着正向的激励作用。

三、自主学习能力培养下大学英语语法学习策略与技巧

在英语学习中,语法学习贯穿整个过程,学生仅仅依靠课堂的讲授显然是很难有效提升自身的语法能力的,还需要在课下展开自主学习。这就要求学生具备一定的语法自主学习策略与技巧,具体来说要自主培养语感,并掌握有效的学习策略。

(一)自主培养语感

如果学生的语感较强,那么必然对自身的语法学习非常有利。因此,在英语语法学习中,学生应该注重培养语感,具体来说可以从如下几点着眼。

第三章　自主学习能力培养下的大学英语词汇与语法教学改革

1. 朗读

朗读是培养学生语感的一种有效方式。一些学生因为自身的发音问题往往会被其他的同学嘲笑,还有一些学生因为没有朗读的习惯不愿意进行朗读,针对这些问题,教师应该在课前留给学生一些时间进行课文朗读,当他们的朗读水平积累起来,就会让自己的语法学习有一定程度的提升。

2. 背诵

在朗读的基础上,学生还可以通过背诵来增强语感,但是要注意,背诵的内容应该从自身的能力出发。具体来说,如果学生自身的背诵能力较强,那么往往会选择一些课文来背诵;如果学生自身的背诵能力较差,那么他们可以选择一些短语、句子来背诵。

总之,如果学生长时间进行背诵,一定程度上可以提升自己的语感能力,使自己不仅在口头描述上还是在书面表达上都有很大的提升。

3. 积累

在英语语法学习中,教师可以让学生在课下搜集一些优美的语句或者篇章,让他们经常阅读甚至背诵。一般来说,这些精美句子与篇章往往比较短小,读起来也是朗朗上口的,在不断的阅读中,学生会不断吸收其中的有益成分,学会将这些优美的句子运用到自己的口头描述与书面写作中,久而久之就能提升自身的语感能力了。

(二)掌握有效的学习策略

在语法学习中,学生应该掌握一些学习策略,从而不断提升自身的语法学习效果。

1. 克服母语的影响

由于英汉语属于不同的语系,因此学生在学习语法时必然会遇到很多问题,主要包含如下几点。

（1）汉语中没有动词的时态变化,英语中则有。

（2）汉语中没有名词单复数的变化,英语中则有。

（3）汉语中定语大多都是前置定语,而英语中大多都是后置定语。

（4）汉语与英语中状语位置不同。

在语法学习中,很多学生往往会按照汉语的习惯对英语词汇、短语等进行排列,这样导致造出来的句子与英语思维不相符,甚至很多时候会出现错误。因此,在英语语法自主学习中,学生应该克服母语思维的影响。

2. 有效抓住语法知识的重点

语法这一系统非常复杂,所涉及的内容也是非常广泛的。因此,在语法学习中,学生应该把握主次与重点。一般来说,语法学习的内容主要涉及词法、句法、章法。但是,在实际的学习中,应该以句法、章法为主,用句法、章法的学习带动词法的学习。这是因为在交际中,句子为基本单位。一般来说,英语中的句子具有无限性,可以变化多种,但是其中也涉及多种规则,即都是基于句型演变而来的。如果对这些句型有清楚的了解,那么学生自然对于语法规则有清晰的把握了。

3. 及时进行总结整理

语法学习是一个不断积累、巩固的过程,因此学生应该不断整合学过的语法知识。在我国,英语教学大多都是按照教材的内容来进行教授的,因此学生获取的语法知识也是不断积累下来的。但是,这一方式很难让学生对语法有一个全面的了解和把握,因此在语法教学中,教师可以让学生根据语法书进行相关内容的学习,从而使学生对语法内容有全面、透彻的理解。

4. 多进行实践训练

事实上,语法学习属于一种实践活动,如果不能对语法进行准确的运用,那么就会导致口语交际与书面写作产生问题。在英语语法学习中,学生应该采用多种手段与方式进行语法实践,并且每一次实践都需要与实际结合起来。

具体来说,学生可以进行大量的听、说、读、写、译等练习,这几项技能的训练是彼此关联的,当然也是对语法进行锻炼的最好方式。口语的练习对于学生的语法培养有着重要意义,笔头的练习有助于提升学生组织语言的能力,对于安排语序、运用时态等有着重要的作用。在具体的实践练习中,当然不能仅仅重视口头练习而忽视笔头练习,也不能仅仅重视笔头练习而忽视口头练习,而应该将二者相结合。

第四章 自主学习能力培养下的大学英语听说教学改革

对于大多数学生来说,听说成为他们的负担,他们在课堂上也都感到非常的焦躁与紧张。在课堂上,教师主要扮演的是播放与解说的角色,因此学生的听说技能很难得到提升。当前,大学英语教学的目标主要是培养学生的综合能力,其中最主要的是培养他们的听说能力,因为听说能力是开展交际的前提与基础。基于此,本章就对自主学习能力培养下的大学英语听说教学改革进行分析。

第一节 大学英语听力与口语教学面临的问题

一、大学英语听力教学面临的问题

尽管大学英语教学深受重视,而且随着教学改革的深入有所发展,但是在教学中学生"听不懂,说不出"的问题依然存在。因此,有必要对大学英语听力教学中存在的问题进行分析,以便有针对性地解决这些问题,促进大学英语听力教学的发展。

(一)教师问题

1. 课程设置处于弱势地位

在整个大学英语课程设置中,听力教学处于弱势地位,受关

第四章 自主学习能力培养下的大学英语听说教学改革

注的程度并不高。在多数院校中,大学英语科的周学时为4小节,但教师常常将教学中心放在精读课上,部分院校甚至将听力课与口语课相融合,变成听说课,从而稀释了听力课的学时,这使得听力教学课时难以保障,学生听力能力的培养也难以保障。

2. 教学目标有所偏离

大学英语教学中设置了大学英语四、六级考试,这本是为了激发学生的学习兴趣,培养学生的英语能力而设置的,但有些教师将通过考试作为教学的指向标,从而忽略学生听力能力和跨文化交际能力的培养。基于这样的目标,在时间有限的课堂中,教师常会将听力教学沦落为题海战术,这样不仅使学生感到枯燥乏味,而且很难真正提高学生的听力能力。

3. 教学模式僵化

受课程设置不合理、教学目标偏离、受重视程度不高等的影响,现在的大学英语听力教学存在教学模式僵化的问题。很多教师将主要精力放在教学任务的完成上,忽视对教材的整体把握,缺乏对学生的有效指导,甚至目标不明确,只是机械地、一遍遍地播放录音,学生只能被动、盲目地听,这使得听力教学拘泥于"听听录音、对对答案,教师解释"的单一模式。在这种教学模式下,不仅课堂氛围沉闷,而且学生的学习积极性不高,学生的听力能力更是难以得到锻炼。

(二)学生问题

1. 基础知识积累不足

现在,尽管听力教学受到了学生的重视,但是很多学生的听力水平不高,这很大程度上源于学生基础知识积累不足。一方面,学生缺乏必要的语音知识,对音节、连读等掌握不牢固,加之词汇量积累有限、欠缺语法知识等,这些都会对学生的听力理解造成影响。另一方面,学生缺乏良好的英语学习环境,对此学生很难对英语音调、韵律等具有敏感性。由于基础知识积累不足,学生的听力能力将很难得到提高。

2. 对听力缺乏兴趣

由于教学方式的单一性和听力本身的复杂性,很多学生对听力学习缺乏兴趣,甚至从心理上对听力产生抵触情绪。这种抵触情绪会进一步降低学生参与听力活动的积极性,甚至是应付听力学习,使得听力学习收效甚微。

3. 学习形式单一

受传统教学模式的影响,学生在学习英语听力时,十分依赖教师的教学,依赖于学校规划和课程安排,进而导致自主学习听力的能力较低,在英语听力上得不到成就感,学习兴趣降低,最终整体学习效果不佳。此外,学生跟随教师的课堂讲解,不利于学生建立个性化的英语知识框架和体系,不利于学生自主学习能力的提升。

4. 缺乏英语文化知识

语言与文化密切相关,很多听力材料中都渗透着文化知识。很多学生无法准确理解听力内容,部分原因就在于缺乏必要的文化背景知识。对此,学生在听力学习中不仅要学习听力技能,还要学习文化知识,了解英语国家的历史文化、思维方式等,掌握中西方文化间的差异,这样才能为听力学习扫清障碍,提高听力水平。

5. 缺乏英语听力环境

我国学生是在汉语环境下学习英语听力的,而且主要通过教材和课堂来学习英语听力,学生在课本上学到的英语都是规范英语,教师在教学中为了便于学生理解,常会放慢语速,使得语流失去了正常的节奏。但在英美国家,人们在实际交际过程中使用的语言具有很强的口语化特征,常使用口语化表达。在课堂教学中,这种口语化的语言很少出现,学生接触不到地道的英语表达,也就很难确实提高英语听力能力。

6. 不善于利用课余时间

课堂教学的时间是有限的,因此对课堂教学起着补充作用的课余时间的利用率直接影响着学生的听力水平。但是,在实际学习中,学生并没有充分利用课余时间。很多学生没有制订自己的学习计划,只是依靠课堂教学,但课堂教学是面向全体学生的,是教师针对学生的平均水平制订的,并不能满足学生的个性化需求。如果制订适合自己的学习计划,并充分利用课余的零散时间,将英语听力学习与日常生活相结合,对提高英语听力水平将起到事半功倍的作用。

二、大学英语口语教学面临的问题

口语作为一项重要的英语技能,具有显著的实践性特征。对于现代的大学生来说,口语是他们交际能力培养的重要途径。但是目前来看,我国大学英语口语教学的现状并不佳,口语障碍和口语教学中的问题普遍存在。对这些问题进行分析,能有针对性地解决这些问题,进而改善大学英语口语教学的现状,消除学生的口语障碍,提高学生的口语表达能力。具体而言,大学英语口语教学中的问题体现在以下几个方面。

(一)教师问题

1. 教学模式缺乏创新

相较于其他英语技能教学,口语教学的实践性更强,需要通过交流和沟通来实现教学目的。这就需要教师根据教学目的创新教学模式,培养学生的口语实践能力。但是,就目前的大学英语口语教学来看,教师依然采用传统的教学模式,即先讲解、后练习、再运用。这种教学模式虽然符合教学规律,却制约了学生的学习积极性。在这种教学模式下,学生只能被动地接受知识,机械地进行练习,根本没有独立思考和自主学习的空间。现在的学生都习惯接受新鲜事物,根本无法适应单调且缺乏创新的教学模式,这种枯燥的教学模式只会影响学生构建语言的创造力,也会将学生的学习热情消磨殆尽。

2. 课堂缺乏互动

在大学英语口语教学中,师生和生生之间的交流和互动是教学的重要内容,也是口语教学的核心,对培养学生口语表达能力、实现教学计划起着关键作用。但是,在当前的大学英语口语教学中,教师依然在课堂教学中处于中心地位,教师占据着绝对的主导权,课堂教学缺乏互动与合作,学生没有开口的机会,更没有开口说的积极性,自主能力得不到培养,最终口语教学陷入僵局。

3. 忽视口语实践训练

尽管当前大学英语口语教学受到了教师的重视,教师也尝试探索相应的口语训练措施来提升学生的口语能力。但是,教师对学生的口语训练仅局限于课堂教学,而忽视了学生的课后口语强化训练,也很少向学生推荐相关的口语训练平台,最终导致学生的口语训练效果不佳。

(二)学生问题

1. 思路不明确

思路不明确是学生口语学习过程中常遇到的一个问题。在英语口语练习过程中,学生会存储一定量的信息,并组织信息进行表达。但在实际表达过程中,学生的思维常会受到限制,尤其是遇到一些生词的时候,就无法判断要说的词汇和内容,在有效时间内不能找到合适的句式来表达自己的思想。所以,思路不明确会影响学生的口语技能。

2. 存在心理障碍

具有心理障碍是当前学生在大学英语口语教学中存在的重要问题。这种心理障碍具体表现为自信心不足,存在焦虑情绪。这种焦虑现象的存在必然会对学生的口语学习造成影响。

3. 口语练习手段单一

现在学生练习口语的手段依然十分单一,学生通常是在课堂上按部就班地学习英语口语,或者是找外教练习口语,这对学生口语水平的提高并不利。实际上,随着社会的发展和知识的更新,大量的口语 APP 诞生并广泛运用,各大高校也建立了自己的英语自主学习平台,这为学生的口语锻炼创造了条件。学生可以充分利用这些资源来练习口语能力,而不必拘泥于传统的学习方式。

第二节　自主学习能力培养下的大学英语听力教学改革

一、大学英语听力教学概述

(一)听力的内涵

1. "听"

在学者罗宾(Rubin,1995)看来,听是一个包含主观能动性的过程,它涉及听者信号的主动选择,然后对信息进行编码加工,从而确定正在发生的事情以及发话人想要表达的意图。

理查兹和施密特(Richards & Schmidt,2002)对"听力理解"进行了专门的探讨,他们认为,听力理解涉及的对象是第一语言和第二语言,所要做的事情就是弄懂这两种语言。但是,对这两种语言的理解是有本质区别的。其中,对第二语言的听力理解比较关注语言的结构层面、语境、话题本身以及听者本身的预期。

著名学者林奇和门德尔松(Lynch & Mendelssohn)特别指出了"听"和"说"的内在联系,他们认为要想成功地"听",还必须在"说"上下功夫,但是"听"也受到其他声音信息和画面信息的影响,这就要求听者在已有经验的基础上根据语境来对话语进行准确的把握。另外,"听"不是单一的,是一种连续不断的处理过程,包含以下部分。

(1)如何将语音进行划分。

(2)如何对语调形成一种认识。

(3)如何对句法进行详细的解读。

(4)如何把握语境。

大多数时候,上述过程是在人们无意识中悄悄进行的。

此外,两位学者还就"听"和"读"的联系与区别进行了阐释,并认为与"读"相比,"听"的作用更加显著,具体包含以下几点。

(1)让人感受到一种韵律的美。

(2)让人产生一种追逐速度的急切心理。

(3)对信息的加工和反馈都在最短的时间内完成。

(4)耗时较短,通常不会重复进行。

"听"与"读"都是一种对信息的输入,但是在大学英语听力学习中教师绝对不能将"听"看作阅读的声音版,而应该认真研究"听"的本质属性,并据此去组织教学,从而帮助学生获得一定的听力技能。

2."听力理解"

从信息论的角度来讲,听力理解是对信息进行认知加工的过程。"听力理解"呈现出以下几种特征。

(1)时效性

时效性是指听力理解要求听者在一定的时间内高效地对声

第四章 自主学习能力培养下的大学英语听说教学改革

音信息进行加工。要做到这一点,听者需要认识到时间的紧迫性,并且能够快速地判断。声音信息输入的流线型特点也同样要求听力理解具有时效性。听力理解是否具备时效性,往往成为衡量一个人听力能力的关键指标之一。

在大学英语听力学习中,教师可以将听力理解的时效性特点向学生进行详细的解释,这样可以督促学生做出更好的听力计划,促使学生监控和评估自己的听力能力。如果要想保证理解效度的最大化,听者就需要解决自身的听力时效性,如果不能解决这一问题,那么听者就很难理解发话人接下来的话语。

(2)过滤性

过滤性是指听者在听力理解的过程中能够准确地筛选出有用的信息,而剔除那些无用的甚至是干扰的信息。简单来讲,过滤性就是"抓关键信息"。

显然,听者不需要原原本本地将听力内容在头脑中放映一遍,但是必须能够把握住听力内容的中心思想。因为听力理解的内容是一连串连续性的语言符号,人们必须从整体上把握内容,而不是孤立地关注某一个音素。想要把握听力内容的中心思想,不偏离听力内容的大方向,就必须先获取发话人的"主题",然后围绕这一主题探索事件的时间、地点、过程以及发话人的思想情感等边缘要素,主题和边缘要素存在着一种内在的连贯性。

(3)即时性

即时性是指听力理解无法提前安排和计划,都是随时进行、随时结束的。这就使得我们不可能提前对听力理解进行演练,从而导致了听力理解的不可预知性,这正是它的难点所在。因此,在听力学习中,教师应该尽可能地培养学生对听力材料的适应能力,能够对各种情况做到随机应变。

(4)推测性

推测性是指听力理解是通过推理进行的。其实说到底,只要是含有理解的行为,就少不了推理的存在。说得具体一点,推理就是依靠自己的主观能动性不断验证先前假设的认知过程。

在一次完整的推理中,有两个环节是必不可少的:首先是预测将要发生的事情,其次是对结果进行推断。当然,这两个环节有其存在的前提,也就是我们不能做无缘无故的预测,那是妄想,而是要根据已有的知识经验来推测未知的事物,并且已有的知识经验和未知的事物之间是有着内在关联的,听者就是需要通过这些显性或者隐性的关联来寻找发话人的信息,从而推测发话人的意图。

(5)情境性

情境性是指听力理解发生在特定的时间、场合之下,时间、场合就构成了听力理解的情境。随着时间和场合中任何一方面的改变,情境就会改变,这就引起了不同听力情境的发生。

听者之所以要关注听力理解的情境,是因为这些情境中包含着很多重要细节,它们决定了听者对话语意义的理解,也为即将产生的话语提供理解的线索。在日常的听力学习中,教师要提醒学生注意情境,有意识地提高学生对情境的敏感度,从而促使学生对话语有更准确的理解。另外,教师应该尽量为学生创设真实的情境,因为语言的运用就是在真实的情境下发生的。

(6)共振性

"共振性"这一概念应该是从物理学中移植过来的,表示一种瞬间感应性。听力理解具有共振性,是指听力理解是在对应原则的基础上发生的,有着自己独特的经验和惯性。

具体来讲,在听力理解中,一些新信息不断地刺激大脑,从而激活大脑中的已有知识,新知识和已有知识之间的交流就是共振。那也就意味着,你拥有的知识总量和你的感知能力的高低是成正比的,和你的共振效率也是呈正相关的。听力理解的共振性和信息加工理论中的"编码—解码"程序具有很大的关系。

(二)大学英语听力教学的原则

大学英语听力教学应遵循科学的教学原则,确保学生的听力能力得到锻炼,促使学生能够有效进行跨文化交际。具体而言,

第四章 自主学习能力培养下的大学英语听说教学改革

大学英语听力教学应遵循以下几项原则。

1. 循序渐进原则

大学英语听力应层层有序开展,从简单到复杂逐步进行,即要遵循循序渐进原则。具体而言,在大学英语听力教学中,教师应充分了解学生的学习情况,选择符合学生学习阶段和水平的听力材料,而且听力材料要由易到难安排,同时兼顾多样性和真实性。在听力教学初期,教师要选择语速适中、吐字清晰的材料,随着教学进度逐步增加难度。听力材料也要贴近生活,最好选择社会热点话题、故事以及日常会话等,以激发学生学习的兴趣。

2. 强化文化背景知识原则

语言与文化密切相关,很多英语词汇、短语、句子等都蕴含着丰富的文化信息,如果不了解语言背后的文化信息,将很难理解其内在含义,更无法有效进行交流。可以说,很多听力材料背后都蕴含一定的文化知识,学生如果没有掌握必要的文化背景知识,即使听懂了个别甚至全部语句,也不一定能完全理解材料所隐含的深层文化含义,进而影响对材料的准确理解。因此,在大学英语听力教学中,教师必须重视强化学生的英美文化背景知识,提高学生对文化知识的敏感度。教师可以通过组织一些活动,如播放优秀的英美影片、引导学生阅读一些文学名著、组织具有鲜明特色的文化交流活动等,来培养学生的文化素养,进而提高学生的写作能力。

3. 激发兴趣原则

听力能力的提高需要一个过程,不能一蹴而就,而且需要不断地练习和努力,很多学生由于自己听力能力不佳,加上进步缓慢,因此对听力学习缺乏兴趣。可见,兴趣对于英语听力学习至关重要,对此教师在开展大学英语听力教学时要有意识地激发学生的兴趣,也就是遵循激发兴趣原则。具体而言,教师在进行听力教学之前,首先要充分了解学生的兴趣所在,即了解学生对哪些听力活动和听力内容感兴趣,然后以此为依据来调整教学内容和教学方法激发学生的听力兴趣,调动学生的积极性,进而提高学生的听力水平。

4. 情境性原则

听力是交际的重要方式,学生只有在自然、真实的环境中,才能与环境产生相应的互动,获得真实的语言体验。很多教师往往都有这样的感受,即教师竭尽全力鼓励学生参与课堂活动,但学生依然对听力学习缺乏积极性,课堂教学沉闷。实际上,良好的课堂氛围需要师生共同营造,教师应该与学生积极沟通,充分发挥自己的主导作用和学生的主体作用,营造活跃、自然、民主的课堂环境,创建英语语言情境,进而培养学生的听力能力。

5. 气氛活跃原则

在大学英语听力教学中,教师必须意识到情感因素的重要性,情感是学生智力与非智力发展的原动力,学生只有有了一定的情感体验,才会有相应的智力及非智力活动,也才能对所学知识产生感情,从而在学习中获得事半功倍的效果。在听力教学中,教师也要充分重视情感因素,在教学各个环节都要充分考虑学生的情感因素,有效降低情感过滤作用,使学生积极参与课堂上的各种活动,从而达到获得信息、吸收语言的目的。

在大学英语听力教学实践中,很多教师都把听力课上成了测试课,一上课就为学生播放听力材料,听完后直接对答案。这样会使课堂气氛沉闷,学生的情感压抑,进而反应冷漠,教学效果自然不理想。因此,教师要为学生创造一个轻松、愉快的课堂环境。例如,教师在听的过程中可以穿插一些幽默小故事、笑话、英文小诗、英文卡通或英文歌曲等,也可以根据实际情况改变听的形式或更换听的内容,总之教师要努力消除学生因焦虑、害怕等产生的心理障碍,创造一种和谐愉快的课堂气氛。

二、自主学习能力培养下大学英语听力教学改革的方法

在大学英语听力教学中,教师应不断更新教学理念,创新教学方法,以提高教学质量和效率。具体而言,教师可以采用以下几种方法来开展大学英语听力教学。

(一)技能教学法

听力的有效进行是需要一定的技巧的,因此在大学英语听力教学中,教师应向学生介绍几种常用的听力技巧。

1. 听前预测

在进行听力之前,进行一定的预测是很有必要的。在教学中,教师可以指导学生在正式听听力材料之前,先浏览一下听力问题,据此预测听力测试的范围,如地点、时间、人名等,这样可使听力更具有针对性。

2. 抓听要点

在听的过程中,要学会抓听要点,也就是抓听交际双方言语活动中的主要内容、主要问题、主题句和关键字等,对于一些无关紧要的内容则可以不用重点去听。

3. 猜测词义

听力过程中不可能听明白每一个词,而且有时难免会遇到陌生的单词,此时如果停下来思考这个词的意思,就会影响整个听力材料的理解。这时可以继续听,通过上下文来猜测词义,这样既不会中断思路,也能流畅地理解听力材料内容。

4. 边听边记

听力具有速度快和不可逆转性的特点,听者在有限的时间内

不可能听懂和记住所有的内容,此时就需要借助笔记来辅助听力活动,也就是边听边记录。听力笔记不需要十分工整,听者自己能看明白就行。

(二)文化导入法

1. 通过词汇导入

词汇是语言的基本要素,却蕴含着深厚的文化内涵,所以要了解西方文化,首先要从词汇开始。在大学英语听力教学中通过词汇向学生导入文化知识,不仅可以提高学生的文化意识和素养,还能丰富学生的词汇量,为听力能力的提高奠定基础。例如,"狗"这一动物在中国文化中多具有贬义色彩,从"狗腿子""狗拿耗子"等表达中就能看出,而在西方文化中,dog 深受人们的喜爱,被人们当作好朋友。可见,在听力教学中,有意识地扩大学生的词汇量,丰富学生的词汇文化知识,将对学生听力能力的提升大有裨益。

2. 通过习俗导入

交际中必然会涉及习俗文化,如打招呼、称呼、感谢等,了解这些习俗文化对听力能力的提高具有重要意义。在具体的听力教学中,教师可以设计情境对话,或者安排学生进行角色扮演,让学生置身于英语环境中感受英汉习俗文化的差异,听取地道的英语表达,锻炼学生的英语听力能力。

3. 通过网络多媒体导入

现代信息技术的发展促使网络开始普及,而且在各个领域发挥巨大作用。在信息化时代,教师可以充分利用网络多媒体技术向学生输入文化知识。具体而言,教师可以通过多媒体设备向学生展示文化知识,引导学生进行广泛的听力活动。此外,教师可以鼓励学生通过网络寻找听力资料进行练习,这样可以培养学生

第四章 自主学习能力培养下的大学英语听说教学改革

的自主学习能力,锻炼学生的听力能力。

(三)电影辅助法

英语电影能够营造真实、生动的听力环境,而且能够帮助学生更好地了解西方文化,从中体会中西方文化差异,进而提高跨文化交际能力。因此,将英语电影运用于大学英语听力教学,可有效激发学生的学习兴趣,提高教学的效率和学生的听力水平。具体而言,可采用以下步骤开展教学。

1.观赏影片前

在观赏影片之前,教师和学生需要做一些准备工作。这些准备工作是指在选定影片之后,教师要为学生布置好与电影主题相关的作业,鼓励学生在课下通过网络搜集一些与电影背景相关的信息,通过此方式加深学生对影片的了解。在临近观看前,教师要对影片的相关内容进行介绍,并提出相关的拓展学生思维的问题,如影片中有哪些俚语以及主角爱好等,这样能够引导学生带着问题和好奇心去观看影片。在准备工作完成之后,学生在了解影片的基础上,边观看影片边解决问题,以期达到更好的学习效果。

2.观赏影片中

在观看影片的过程中,教师可选择和运用影片中某个经典片段的放映来指导学生进行精听。精听要求学生听清每一个词、短语和句子,清楚每一个情节。通过精听,教师可以更好地引导学生学习影片中的语言。在精听的同时,教师还可以采取泛听的方法,让学生了解影片的故事梗概。此外,在播放影片的过程中,教师可以根据学生的英语水平和影片中的相关内容适时暂停影片,提醒学生影片中的一些关键对话,辅助讲解一些俗语、委婉语、禁忌语等,同时分析其中所涉及的中西方文化差异,帮助学生掌握语言精华,培养跨文化意识。

3.观赏影片后

在影片结束之后,教师可以有针对性地进行扩展活动,即选择影片中的经典情节,组织学生进行角色扮演,从而巩固学生的听力水平,锻炼学生的表达能力,提高学生发音的准确性,培养学生的语感,同时树立学生的信心,促使学生开展合作学习。另外,教师可以鼓励学生谈论影片的主题及意义,引导学生撰写影评,这样可以巩固学生通过影片所学的词汇、语法等知识的运用,进而提高学生的写作水平。

总体来说,英语电影语言丰富、情节生动,深受学生的喜爱,将其运用于大学英语听力教学,将能够为学生营造一个真实的语言环境,锻炼学生的听力能力。但需要注意的是,采用电影辅助法开展大学英语听力教学,在选材上要多加留意,要选择那些语音纯正、用词规范、内容健康的经典影片,这样才能让学生学到地道的英语表达,提高学生的听力水平。

三、自主学习能力培养下大学英语听力学习策略与技巧

(一)听力认知策略

根据认知理论,听力理解是一个需要听者积极构建意义的过程,也是一个复杂的认知过程。在学习中运用认知策略对学生建构意义、提高获取信息的能力大有裨益。将基于认知策略的听力教学模式(图4-1)运用到大学英语听力教学实践中,对提高学生的听力水平和教学效率十分有利。

基于认知策略理论的英语听力学习模式的实施步骤具体如下。

1.听前阶段

在听前阶段,教师的主要任务是让学生对听力材料的背景有所了解,教会学生使用目标语资源和推测策略,通过各种途径,如查阅词典、百科全书等扫除词汇障碍,同时激活学生已有的知识

储备，为即将进行的听力活动做好准备。

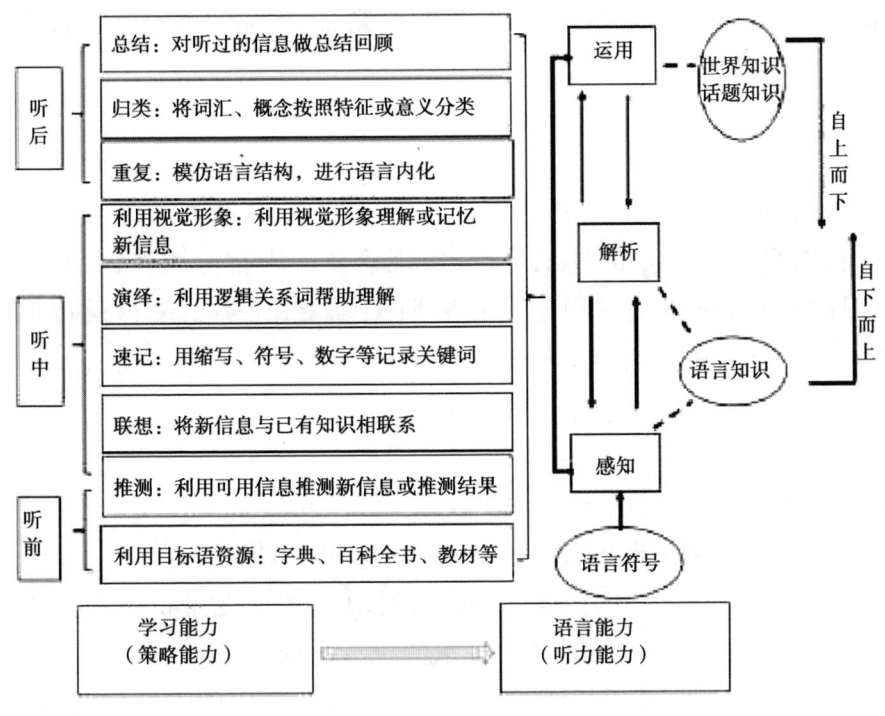

听后：
- 总结：对听过的信息做总结回顾
- 归类：将词汇、概念按照特征或意义分类
- 重复：模仿语言结构，进行语言内化

听中：
- 利用视觉形象：利用视觉形象理解或记忆新信息
- 演绎：利用逻辑关系词帮助理解
- 速记：用缩写、符号、数字等记录关键词
- 联想：将新信息与已有知识相联系

听前：
- 推测：利用可用信息推测新信息或推测结果
- 利用目标语资源：字典、百科全书、教材等

运用 → 世界知识/话题知识（自上而下）
解析 → 语言知识
感知 → 语言符号（自下而上）

学习能力（策略能力）⇌ 语言能力（听力能力）

图 4-1　听力理解过程中认知策略模型

（资料来源：杨照，2019）

2. 听中阶段

在听中阶段，教师要培养学生的联想、推测、演绎、速记等策略来帮助学生完成听力活动。以《新视野大学英语视听说教程》第三版 Book 1, Unit 7 *Weird, wild and wonderful* 为例，本单元涉及的话题是自然与环境问题。在听力教学中，教师首先要充分激活学生头脑中储存的有关环境问题的图式，如水源污染、大气污染、森林破坏等，让学生合理推断文章内容。在第一遍听录音过程中，教师要求学生概括文章大意，这要求学生在语音听辨的过程中，结合自己的储备知识，运用联想策略，归纳篇章大意。在第一遍听录音过程中，学生需要把握细节信息，完成表格中的空缺信息，教师要训练学生集中注意力、抓住重要信息、进行速记的

能力。在听力活动结束后,如果信息有遗漏,教师可以引导学生运用推测、联想等策略,进行合理的推测,以增强学生对听力材料的理解和掌握。

3. 听后阶段

在听后阶段,教师要训练学生通过归纳、总结等策略对听力材料内容做进一步的加工处理,实现语言的内化。此外,教师应指导学生对听过的材料进行重复听力练习,让学生进行模仿训练,从而起到巩固语言基础的作用。

(二)听力训练法

听力训练的方法主要可以归结为如下几点。

(1)听—画:学生边听英语,边画出相应的图画。

(2)听—视:学生边看黑板上的图画,边听老师讲。有条件的地方可利用投影仪、幻灯片或录像机进行视听训练。

(3)听—答:教师对听的内容进行提问,要求学生口头回答。

(4)听—做:教师根据所听的内容发出指令,要求学生做出相应的行动或表情,如"Show me how David felt when he met Jane at the airport."教师使用课堂用语时向学生发出的指令也应属于此类,如"Come to the front."

(5)听—猜:学生在听前根据老师的"导听问题"(guiding questions)提示,并结合已学的知识对所听的内容进行预测(predict)。

(6)句子段落理解:教师放录音或口述句子、段落。学生一边听,一边看教师示范表演:各句意思以指出或举起相应的图画或做相应的动作来表示;教师用手势画出单词重音、语调符号和节奏,让学生模仿。

(7)短文理解:学生先听录音,然后根据短文的内容,进行形式多样的练习帮助听力理解,如听录音回答问题、听录音做听力理解选择题、听录音判断正误、听做书面完形填充练习、复述短文大意、做书面听力理解练习题等。

（8）课文听力训练：教新课文之前，先让学生合上书本，听两遍课文录音，或听教师朗读课文；讲课文时，教师一边口述课文，一边提出生词，利用图片、简笔画、幻灯或做动作向学生示意，帮助学生达到初步理解的目的；学生根据课文内容进行问答，如就课文中生词或词组提问、就课文逐句提问、就课文几句话或一段话提问等。

当然，在进行听力训练时，也需要符合一定的要求。具体来说，归结为如下几点。

（1）熟练掌握英语课堂用语，尽可能用英语组织教学。

（2）充分利用音像手段（如录音机）和软件资料进行大量的听力训练。

（3）遵循循序渐进的原则，听力训练时听力材料难度应该由浅入深，生词量小，语速由慢到快，长度由短到长。

（4）尽量将听与说、读、写等活动结合起来进行训练。

（5）结合语音、语调的训练，特别是朗读技巧（单词重音、句子重音、连读、辅音连缀、停顿和语调）来训练听力。

（6）听前让学生明确目的和任务。

（7）把培养听力技巧（辨音、抓关键词、听大意、听音做笔记等）作为教学的主要目标。

（8）布置适量课外听力训练。

第三节　自主学习能力培养下的大学英语口语教学改革

一、大学英语口语教学概述

（一）口语的内涵

对于学习英语口语的学生而言，他们想要使用英语进行口语表达,首先就需要掌握一些英语基础知识,如英语的节奏感、语音、语调等,提升英语口语并不是一件容易的事情,学生除了要掌握发音,而且还要掌握这门语言的功能。个体想要掌握一门语言,不仅要学会发音,而且还需要把握这门语言的其他方面的知识内容,如这门语言背后的社会习俗、文化背景、交际方式、社会礼仪等。可见,语言交际看似简单,其实相对复杂,是上述所有内容的一种综合体现。

人们对口语能力这一概念的理解往往不同,不同的理解通常会带来不同的教学效果。英语作为一门语言,是随着社会的发展而发展的,其学习理念同样也会逐渐变化。在以前,人们认为英语教学的理念就是发展学生的语言能力,让学生掌握基本的语音、词汇、语法、句法,学生只要对这些知识有了充分的掌握,就会自觉学会运用,流利地使用这门语言进行沟通与交流。然而,现实情况往往与人们想当然的局面大相径庭,而这种理念引导下的教学结果的弊端也越来越大。

20世纪七八十年代,西方国家涌现出大量的移民,在美国、新西兰、加拿大等国家都是如此,在这一现状的影响下,语言学领域的研究者以及作为一线工作者的教师对语言学习的传统模式有了很大的意见,他们的理念开始发生转变。这些人认为,学生只掌握语言的语音、词汇、语法等知识并不能真正地学会英语,更不意味着可以流利地开口讲英语,甚至不能利用自己所学的这门语言在社会上谋生。

随后,学者以及教师开始将英语语言能力看作交际能力的一个组成部分。有的学者认为,交际能力是语言学习者与他人利用语言这门工具所进行的信息互动,进而生成一种有意义的能力,这种能力区别于做语法、词汇知识选择题的能力。然而,学习者如果想要获取更加高级的交际能力,就必须对所使用语言的社会环境、文化环境有一定的了解。社会语言能力往往指的是使用语言的人在不同的场合与环境中运用语言的能力,这一能力涉及的层面如下。

第四章 自主学习能力培养下的大学英语听说教学改革

（1）语域，即正式语言或非正式语言的使用。
（2）用词是否恰当。
（3）语体变换与礼貌策略等。

（二）大学英语口语教学的原则

在大学英语口语教学中，教师应遵循科学的教学原则，以有效提高学生的口语水平，提升教学的效率。具体而言，可遵循以下几项原则。

1. 先听后说原则

在英语语言技能中，听和说是相辅相成的，听是说的基础，俗话说"耳熟能详"，只有认真听、反复听、坚持听，才能最终说出一口流利的英语。因此，大学英语口语教学应当坚持先听后说原则，即教师首先应注意加强学生听的能力，其次才是说的能力。只有坚持先听后说原则，才能帮助学生掌握正确的发音，为训练口语能力打下良好基础。

2. 循序渐进原则

口语能力的提升需要一个很长的过程，不可能一蹴而就，因此在大学英语口语教学中，教师应遵循循序渐进原则，即由易到难、由理论到实践，层层深入，逐步提升学生的口语能力。我国的大学生来自全国各地，不仅英语水平参差不齐，发音也会受方言的影响，因此教师在口语教学的过程中首先应该解决学生发音层面上的问题与困难，纠正他们的错误发音，让学生根据从简单到复杂的程序，从语音、语调、句子、语段等层面逐步进行锻炼。另外，教师在安排与设计教学步骤时也要遵循科学原则，充分把握难易程度。如果教学目标定得太高，学生学习起来会有压力，如果目标定得太低，学生学习起来会缺乏挑战性和乐趣，因此教学目标设计要适度，符合学生的实际水平。

3. 目的性原则

所谓目的性原则,是指明确口语教学的最终目的。在口语学习过程中,学生十分在意自己在语言交流中是否犯了语法错误、是否发音标准等。实际上,交流沟通并不拘泥于形式上的格式要求,在语言交流过程中产生语法错误是不可避免的,即使本国人用母语交流,也会出现用词不当、语法不符合标准等问题。所以,学生口语学习和教师口语教学的重点不在于如何纠错,而在于如何有效地进行交流。交际中的一些小错误可以被忽略,相较于追求语言形式的准确,流利地进行沟通能更好地表达深层含义。因此,大学英语口语教学应明确目的性原则,在教学中应认真聆听学生的交谈,而不要因为某个错误而打断学生讲话,中断学生思路。教师可以在学生交流结束后,针对交流中存在的一些细节问题加以指导,并且给予鼓励,这样能激发学生大胆说英语的积极性,也能引导学生在日常生活中学会自我纠正。

4. 互动原则

口语练习本身是一件很枯燥的事情,长期的枯燥练习很容易使学生失去对口语的兴趣。对此,教师在口语教学中要坚持互动性原则,不要放任自流,完全不管学生的练习进度与练习效果。教师应努力使学生的口语训练充满互动性,这种互动能有效保持学生对口语学习的兴趣。此外,为保证练习的互动性,教师为学生设计的话题应能够使学生展开互动性的练习活动,使学生之间进行有效的互动练习。

5. 内外兼顾原则

所谓内外兼顾原则,是指考虑问题时要顾及内、外两个方面。在这一原则的指导下,教师在大学英语口语教学的过程中不仅要重视课堂教学,而且还需要引导学生合理利用课外活动来练习口语。事实上,学生的口语学习应该以课堂教学为主,并且将课外

第四章　自主学习能力培养下的大学英语听说教学改革

活动中的口语学习作为课堂学习的一种补充,二者相互促进、相互配合。在课堂教学练习的基础上,学生开展相应的课外活动,可以将课堂上所学习的知识在课外活动中进行充分实践,从而达到复习、巩固知识的目的。此外,学生在课外活动中还可以运用课堂上所学习的理论知识,将知识内容转化为技能。与课堂活动相比较而言,课外活动的氛围比较轻松,学生的心情也会十分愉悦,在这种放松的心情下来练习口语将会取得令人意想不到的效果。在课程结束之后,教师为学生安排作业与练习之前,可以将学生分组,让学生以小组为单位来完成作业,通过相互讨论小组任务,可以帮助学生提升自身的口语能力,也可适度加强学生的团结协作能力。

二、自主学习能力培养下大学英语口语教学改革的方法

在英语口语教学中进行文化渗透需要采用科学的教学方法,将目光投向文化教学,实现口语教学与文化教学的融合,从而丰富学生的文化知识,扩大学生的文化视野,进而提高学生的口语表达能力和跨文化交际能力。具体而言,教师可采用以下方法开展教学。

(一)文化对比法

英汉文化差异对口语交际有着很大的影响,因此在英语口语教学中,教师应加入中国文化元素与西方文化元素的对比,呈现中西方文化之间的差异。以饮食文化为例,西方人宴请客人时多考虑客人的口味、爱好,菜肴通常经济实惠。中国人为了表示热情好客,在请客时通常准备多道菜肴,而且讲究菜色搭配。引导学生进行文化对比,不仅能提高学生的文化适应性,也能减少汉语思维的负面影响,进而提高学生的跨文化交际能力。

(二)创境教学法

口语学习的目的是进行实际交际,所以学生只有在真实的情境中开口说英语,才能使自己的口语能力得到锻炼。对此,教师可以采用情境教学法开展口语教学,即创设真实的情境,让学生在真实的环境下学习口语。具体而言,教师可以通过角色表演和配音两种活动来创设情境,锻炼学生的口语能力。

1. 角色表演

教师可以根据教学内容让学生进行角色扮演,将主动权交给学生,让学生自主分工、自行排练,然后进行表演。这种方式深受学生喜爱,不仅能缓解机械、沉闷的教学环境,还能激发学生说的兴趣,让学生在真实的社会场景中进行社交活动,锻炼口语能力。当学生表演结束后,教师不要急于评价学生,应先给学生一些建议,然后再进行点评和总结。

2. 配音

配音是一种有效锻炼学生口语能力的方式,教师可以充分利用配音活动来提高学生的口语水平。具体而言,教师可以选取一部英文电影的片段,先让学生听一遍原声对白,同时向学生讲解其中的一些难点,然后让学生再听两遍并记住台词,最后将电影调至无声,让学生进行配音。这种方式可有效激发学生开口说的积极性,而且能让学生在欣赏影片的同时锻炼口语能力。

(三)交际教学法

交际教学法诞生于20世纪80年代,其以交际能力的培养为目标,更加注重语言的实际运用,旨在提高语言交际的质量。交际教学法认为,英语教学的根本目的就是培养学生的交际能力,因此各种语言知识与技能的学习与训练都必须为交际服务。交际教学法打破了传统教学教师"一言堂"的教学模式,教师不再是教学的"主角",学生也不再是被动的"观众"。在交际教学中,教师要发挥自身的主导作用,尊重学生的主体地位,合理安排课堂活动,将学生置于真实的语言环境中,帮助学生开展各种交际活动。

在口语教学中,交际教学法是一种行之有效的方式,课堂口语训练的内容有很多,如语音训练、会话技巧、交际技巧等,无论哪种训练,其核心内容都是语音的功能。

三、自主学习能力培养下大学英语口语学习策略与技巧

(一)课外活动练习法

英语课程的课堂时间十分有限,学生仅仅依靠课堂上的学习时间往往很难满足自身学习任务的要求,所以教师应该引导学生自动利用身边一切可以利用的时间和环境来练习口语。在课外,学生学习的知识可以作为课堂教学内容的补充,如果教师能够利用丰富的第二课堂,即课外活动,那么学生自身的口语能力提升的速度也是显而易见的。例如,教师可以组织学生进行英语演讲、英语作文比赛、英语短剧表演等,让学生将自己的表演录成视频,在多媒体教室播放,学生通过观看视频来提出自己的建议与评价,这可以在短时间内提升学生的英语口语能力。此外,有条件的学校还可以邀请一些外籍教师为学生进行课外讲座,或者创办英语学习期刊,设立英语广播站等,让学生在丰富自己课余生活的同时能体会到英语口语的乐趣,从而更加热爱英语口语学习。

(二)美剧学习法

在大学校园中,美剧十分流行,深受学生的喜爱。实际上,美剧并不仅是一种消遣方式,还是帮助学生认识西方文化、提高口语表达能力和交际能力的重要途径。对此,教师可以通过美剧来开展口语教学,以改善口语教学环境,激发学生的学习兴趣,锻炼学生的口语表达能力。

1. 选择合适的美剧

美剧通常语言地道、故事情节生动，富有吸引力，是一种有利于激发学生兴趣的学习资料。美剧类型丰富、题材各异，不同类型的美剧对学生的口语能力所发挥的作用也不相同，因此在运用美剧开展口语教学时，教师要对美剧进行筛选，选择有利于发展学生口语水平的美剧。此外，教师还要提醒学生不要只沉浸在对美剧的欣赏中而忽视对美剧中语言知识和文化背景的学习，鼓励学生带着学习动机来观赏美剧。

2. 开展层次性的反复训练

在运用美剧进行口语教学时，教师应遵循循序渐进原则，开展反复性的练习，逐步提升学生的口语能力。例如，在首次观看的时候，教师要引导学生将精力放在剧情上；在第二次观看时，教师可以引导学生对剧中的表达和语法等进行推敲；第三次观看时，教师可引导学生重点对人物说话的语气以及台词所隐含的内容进行挖掘和分析。分层逐步开展，可以有效加深学生的理解和记忆，对提高学生的口语能力十分有利。

3. 关闭字幕自主理解

在看美剧时，很多学生习惯看字幕，脱离字幕将无法正常观看影片，实际上这样观看美剧的方式对提高口语表达能力并不利。在观看美剧时，学生应对台词形成自己的理解，在不偏离剧情中心思想的情况下抛开字幕自主理解，可以有效锻炼英语交际思维。

4. 勇于开口模仿

学生要想通过美剧切实提高口语交际能力，就要在听懂台词、了解剧情的基础上开口说，即对剧中人物的台词进行模仿。只有不断地开口练习，才能培养英语语感，增加知识储备，进而提高口语交际能力。总体而言,采用美剧来辅助英语口语教学不仅能有效提升学生的听说能力,还能提升学生的写作能力,进而培养学生的跨文化交际能力。

(三)移动技术辅助法

随着科技的发展,移动通信技术开始蔓延至人们生活的各个方面,并且为人们提供了生动的、不受时空限制的交流方式。移动信息技术在教学领域也发挥着重要的作用,很多学者开始将其与口语教学相结合,来提高口语教学的效率。移动通信技术为学生的口语练习提供了全方位的支持,扩大了学生接触地道英语的途径,而且实现了课内与课外的连接。

1. 课前自学

在课前,教师会将课本中的内容要点制作成长度适中的视频短片,然后通过不同的方式传递给学生让学生学习。学生通过移动设备获得视频之后,可以根据自己的情况选择恰当的时间和空间进行自主学习。

2. 教师讲解

在学生课前自主学习的基础上,教师在课堂上重点就一些词汇、句式和语法项目进行讲解。讲解的过程不似传统课堂那样枯燥,而是结合视频资料,解决学生学习中的主要问题,同时为学生示范,引导学生不断练习。在此过程中,学生又可以进行大量的口语练习活动,口语水平会得到提升,而且能够加深对学习材料的认知程度。

3. 课堂互动

口语能力的提升需要学生互动和交流,因此在教师讲解之后应安排课堂互动活动。互动的形式要灵活多样,可以是师生互动,也可以是生生互动。这样可以创造轻松、愉悦的学习氛围,为学生提供锻炼口语的机会,使学生敢于开口用英语进行交流。

4.课后的移动式合作学习

课堂教学时间是有限的,课堂教学只能引导学生对新知识进行初级的认知与练习。要想在真实情境中对语言进行更深层次的运用,则必须依靠课后的实践。教师可以本单元的主要内容与知识点为依据,为学生安排开放式的真实任务,以此来引导学生通过合作方式进行口语交际,使他们在探索语言运用方式的过程中扩展新知,并在发现问题、分析问题、解决问题的过程中培养创新思维。

第五章 自主学习能力培养下的大学英语读写教学改革

阅读是学生获取大量语言输入同时刺激语言输出的一项重要途径,也是巩固语言基础知识的一个重要手段,阅读教学在大学英语教学中占据着举足轻重的地位。另外,写作是英语语言的一项重要技能,它是人们交际的重要方式,是一种跨文化交际活动,更是大学英语教学的重要内容。但学生的读写能力的提高不能仅仅依靠教学,还应积极进行自主学习,这对学生读写水平的提高以及终身学习意义重大。因此,现在的大学英语读写教学应立足于学生的自主学习,在自主学习能力培养下不断进行改革与创新。

第一节 大学英语阅读与写作教学面临的问题

一、大学英语阅读教学面临的问题

(一)课外阅读学习缺乏监督

大学的课时有限,因此很多的阅读主要是在课外完成的。虽然教师布置了课外作业,但是学生形成了依赖教师的思想,如果教师不抽时间检查学生的课外作业,学生很可能就不会认真对待课外作业。课堂的阅读量是很小的,加上学生对待课外阅读不认真,这样就很难提高自身的阅读能力。

（二）学生的词汇量和阅读量都小

篇章是由许多词汇构成的。显然，没有一定的词汇量，英语阅读是无法进行下去的。要想提高英语阅读能力，词汇量是基础，足够的阅读量是前提。在词汇量薄弱的情况下，扎实的阅读技巧是没有用武之地的，是无效的。进入大学以后，英语阅读所要求的词汇量相比于中学阶段有了大大的增长，并且同义词、近义词繁多，词义之间的区别和差异模糊、难以辨认，这给学生的学习增加了难度，对学生的目标要求也就不一样了。英语阅读综合能力的提高，需要学生在掌握充足的词汇量的前提下进行大量的阅读。当然，词汇量和阅读也是相辅相成的，词汇量是通过阅读加以积累的，而词汇量又进一步推动着阅读的进行。

（三）阅读教学模式落后

在一些英语阅读课堂上，传统英语教学的影子还没有完全消失。虽然教育学界一些专家都在倡导先进的英语教育理念，但是真正让这些理念落实，还是困难重重的。我们还是会在英语阅读教学课堂上看到这样的情景：教师在上面讲得津津乐道，学生在下面认真聆听，并且还做着笔记。教师逐句讲解阅读文章里的新词汇、新句型、新语法等，然后分析文章里的问题，这样的英语阅读课其实有点变味了，倒像是一堂语法课。关键问题是学生还习惯了这样的教学模式，久而久之养成了被动的学习习惯，自己缺乏思考、缺乏实践，课堂缺乏互动，这样不仅减少了阅读兴趣，也无法真正提高学生的英语阅读能力。

（四）学生英语阅读的动力不足

从中学进入大学后，学生摆脱了家长和教师的严格监督，因此大学的学习主要依靠自主性来推动。如果学习的自主性不强，学生就会浪费大把时间。另外，很多学生进入大学后一下子松懈了，错误地将考试当作唯一的学习目的，英语阅读的动力明显不足。如果阅读材料的篇幅过长,或者难度过大,学生就更加没有动力完成阅读了。

二、大学英语写作教学面临的问题

(一)写作课程设置缺乏合理性

一直以来,英语写作教学的地位得不到重视,在课程设置上也不能凸显其合理地位,很多高校在英语写作的课程设置上存在不合理之处。例如,很多高校并没有设置专门的英语写作课程,这导致英语写作课时特别紧张,总是得不到合理进行。再如,英语教师在综合英语课程的讲解过程中往往先讲解词汇、课文,然后安排听力练习、阅读练习,进而让学生完成课后练习题,等这些环节结束之后,一堂课的时间也就消耗完了,根本没有时间来教授学生学习英语写作方面的知识,这让学生形成了英语写作是可有可无的观念,对英语写作的学习是十分不利的。

(二)写作教学目标缺乏系统性

学生英语写作能力的提高是一个循序渐进的过程,并不是一蹴而就的,这就要求英语写作教学的目标也应该体现出阶段性、渐进性的特点。然而,就当前的英语写作教学目标而言,总体目标与阶段性目标之间严重脱节,存在不协调的情况,这对于学生写作能力的提高是十分不利的。

(三)学生的语言质量不过关

很多学生在使用英语写作文的时候往往不会使用地道的英语表达方式,所写出的英语句子存在大量语法错误,甚至还有很多单词也都拼写错了。英语与汉语存在很大差异,英语词汇在词性、用法、词义、搭配等方面都有自己的鲜明特点,如果学生按照汉语的逻辑思维来组织英语作文,那么显然就会出现各种语言知识点层面的错误。

(四)学生的中式英语现象严重

中国学生长期生活在汉语的环境下,受中国传统文化的影响比较深刻,也形成了相对固定的汉语思维习惯。然而,英语思维与汉语思维存在较大差异,汉语思维自然会影响到大学生的英语学习进程,并且往往会带来各种消极影响,"中式英语"就是其中的一个突出表现。很多学生使用汉语的表达方式来写英语句子,所写出的句子往往词不达意,呈现出中式思维习惯,这一现象所带来的后果是比较严重的。

第二节 自主学习能力培养下的大学英语阅读教学改革

一、大学英语阅读教学概述

(一)阅读的内涵

1. 阅读活动

阅读是人类社会的一项重要活动,这项活动是随文字的产生而产生的。正是由于有了文字的存在,人们才可以把语言的声音信息转化为视觉信息,并把它长期保持下来。这样就突破了语言在时间上和空间上的限制,使人类社会所积累起来的经验能够系统地保留和传播。在现代社会中,不仅学习者的学习离不开阅读活动,社会生活的各个方面也都离不开阅读活动。

阅读活动的性质可从以下几方面理解。

(1)阅读是以书面材料为中介的特殊的交际过程。它是作为一种特殊的交际方式而存在的社会现象,"作者—文本—读者"三极是构成这个过程的三个基本要素。在这个过程中,读者不仅要透过文本去发现、理解作者要表现的世界,而且要通过与作者

第五章　自主学习能力培养下的大学英语读写教学改革

在情感、理智上的对话与交流,实现意义的生成及主体自我的创造与重构。

(2)阅读是读者从书面语言符号中获取意义的认知过程。通过阅读,读者可以把外部的语言信息转化为内部的语言信息,将文本所蕴含的思想转变为自己的思想,从而不断地丰富和完善自己的认知结构。

(3)阅读是人类社会的一种言语实践行为。它是主体感受、理解文本、建构与创造意义的过程。

(4)阅读是一种复杂的心智活动过程。在阅读活动中,读者先要运用视觉感知文字符号,然后通过分析、综合、概括、判断、推理等思维活动对感知的材料进行加工,把经过理解、鉴别、重构的内容融入原有的认知结构中,而且这种思维活动要贯穿阅读过程的始终,个体必须凭借全部的心智活动及特定的智力技能才能完成。

2. 阅读理解

在语言学习过程中,阅读能力一直都发挥着重要的作用,因此很多国家都十分重视阅读。例如,美国做过"美国阅读动员报告",英国启动了"阅读是基础"运动,两国还投入了大量人力和财力来推动国民阅读能力的培养。在中国教育教学中,阅读能力也深受重视。关于阅读的定义,不同的学者发表了不同的看法。

纳托尔(Christine Nuttall,2002)将能对阅读的理解总结为以下三组词。

(1)解码,破译,识别。

(2)发声,说话,读。

(3)理解,反应,意义。

"解码,破译,识别"这组词重点关注阅读理解的第一步,也是十分关键的一步,读者能否迅速识别词汇,对于阅读者而言有着重要的影响。"发声,说话,读"是对"朗读"这种基本阅读技能的诠释,这属于阅读的初级阶段。朗读是将书面语言有声化,在各种感官的共同作用下加快对阅读内容的理解,这有助于语感的培养。通常,随着阶段的提升,读的要求会从有声变为无声。"理解,反应,意义"强调阅读过程中意义的理解与交流。在这一过程中,读者不再是被动接受阅读材料中的信息,而是带着一定的目的,积极地运用阅读技巧去理解阅读材料的主要信息。

埃伯索尔德(Aebersold,2003)认为,读者和阅读文本是构成阅读的两个物质实体,而真正的阅读是二者之间的互动。

王笃勤(2003)指出,阅读是一项复杂的认知活动,是读者提取文本中的信息并与大脑中已有的知识结合,从而建构意义的过程。读者理解阅读文本的过程中主要涉及三种信息加工活动,分别是对句子层面、段落或命题层面、整体语篇结构的分析活动。

由上述定义可以看出,学者都认为阅读涉及读者和阅读文本,并且认为阅读是这二者之间的交流互动。简单而言,阅读就是读者积极运用已经掌握的语言知识和背景知识等对语言材料进行处理,同时获取信息的过程。

3. 阅读模式

关于阅读的模式,不同的学者有着不同的理解,基于对阅读不同的理解,人们提出了以下阅读模式。

(1) 自下而上模式

自下而上模式(bottom-up model),又称"文本驱动模式"。在这种模式中,阅读是读者由低层到高层、自下而上、被动地对文本进行解码的过程。[1] 这种解码过程具有一定的次序,是读者从简单的认读字母、单词出发,继而对句子、段落进行分析,最后达到对语篇的整体理解。受这种阅读模式的影响,传统的英语阅读教学侧重语言基础知识的学习,注重对教学中词汇和长难句的分析,忽视了对文章整体性的把握,最终导致学习者无法准确理解文章的含义。这种教学方式不利于学习者文化知识的学习,也会对学习者的阅读理解造成文化障碍,无法激发学习者的学习兴趣。

---

[1] 王晓丹. 初中英语阅读教学中文化渗透研究[D]. 青岛:青岛大学,2019:19.

第五章 自主学习能力培养下的大学英语读写教学改革

（2）自上而下模式

自上而下模式（top-down approach），该模式认为，阅读是基于已有知识不断进行预测、验证或修正的过程，是读者与作者相互交流的过程。基于该模式，阅读不再是从低层次的词、句出发，而是从较高层次的语境出发，来推测整个语篇意义。读者在阅读过程中会积极调动已有的经验和知识，结合文章内容来推断作者意图，继而在阅读中不断对自己的推断加以验证和修正。受这种教学模式的影响，阅读教学侧重于对学习者阅读速度和推测能力的培养，主张提高学习者的阅读效率。但该模式下的阅读教学过于强调学习者已有的知识，而忽视了教学中的语言知识的积累，进而会造成学习者阅读理解上的障碍。

（3）图式驱动模式

图式驱动模式，该模式认为阅读是一种心理猜测过程，整个过程都在围绕猜测进行。与文本驱动模式的区别是，该模式认为阅读过程涉及两个方面，即文本和读者。在文本阅读过程中，读者运用已有的话题知识、语篇知识、文化知识等来理解正在阅读的材料和猜测接下来将要阅读的材料。

（4）交互阅读模式

交互阅读模式，该模式认为阅读是一种交互过程，这种交互包含两个方面：一方面是读者与文本的交互，另一方面是文本驱动与图式驱动的交互。该模式既注重语言基础知识，也注重背景知识在阅读中的作用。并且认为，只有将解码技能与图式相互作用，才能完成文本的理解。该模式要求教师在阅读教学中既要重视基础语言知识的传授，又要引导学习者激发脑海中的已有图式，从而促进学习者建构与新知识的联系，提高阅读效率。

（二）大学英语阅读教学的原则

1. 重视一般词汇教学原则

对于英语阅读而言，词汇是必不可少的组成部分，也是顺利进行阅读的基础。作为一名英语教师,应该理解词汇在阅读理解中所扮演的角色。学生理解基础词汇,有助于他们在阅读上下文时猜测出一些低频词汇的含义。根据研究显示,那些经常阅读学术性文章的学生对术语应付的能力要明显强于应付一般词汇的能力。因此,学生如何积累一般的词汇是教师需要关注的问题。

在词汇积累教学中,单词网络图是比较好的方式。在英语阅读课堂上,教师可以给出一个核心概念词,然后让学生根据该词进行扩展,从而建构其他与之相关的词汇。需要指出的是,高频词教学在词汇积累中是非常重要的,其有必要渗透在英语听、说、读、写、译教学之中,并在细节层面给予高频词过多的关注,这样才能便于学生顺利完成阅读,并根据这些高频词顺利猜测陌生词的语境意义。

2. 速度与流畅度结合原则

英语阅读教学存在一个严重的困难就是,虽然学生具备了阅读的能力,但是很难进行流畅的阅读。也就是说,当教师将更多的关注点放在学生阅读的准确性上时,往往就忽视了学生阅读的流畅性。这就要求教师在阅读教学中应该找寻一个平衡点,不仅帮助学生提高阅读的速度,还要保证学生阅读的流畅性,这是阅读教学培养速度的最终目的。一般来说,学生阅读的过程不应该被词汇识别干扰,而是应该花费更多的时间研读内容及语言背后的文化。要想提升阅读的速度,一个好的办法就是反复进行阅读。学生通过反复的阅读,可逐渐实现速度与理解的结合。

3. 激活背景知识原则

文化语境知识即所谓的背景知识,是读者在对某一语篇理解的过程中所具备的态度、价值观、对行为方式的期待、达到共同目标的方式等外部世界知识。在英语阅读教学中,背景知识是重要的组成部分,尤其是对母语为汉语的人来说,阅读那些源自汉语文化背景的著作要容易一些,但是阅读那些不同文化背景下的相

第五章　自主学习能力培养下的大学英语读写教学改革

关著作必然会遇到困难。要想对以英语文化为背景的语篇有着深刻的理解，必然需要具备相关的文化语境图式，这样才能实现语篇与学生文化背景图式的吻合。读者的背景知识会对学生的阅读理解产生影响。其中，背景知识包含学生在阅读语篇过程中所应该具备的全部经历，包括教育经历、生活经历、母语知识、语法知识等。如果教师通过设定目标、预测、讲解一些背景知识，读者的阅读能力就能够大幅度地提高。如果学生对所阅读的话题并不清楚，教师就需要建构语境来辅助学生的学习，从而启动整个阅读过程。

具体来说，教师在进行备课时要精心准备教材，弄清弄透英语阅读教学中存在的文化语境空白，对材料进行精心的选择，或者为学生提供某些线索，让学生通过一定的手段和方式处理语篇中涉及的文化背景知识。当然，由于课堂时间是非常有限的，学生不可能解决所有不熟悉的文化背景知识内容，这时候就需要教师充当建构新文化语境的工具。教师需要了解学生在自主学习中遇到的问题，进而帮助学生顺利理解所学的知识与材料。

4. 把握阅读教学关键原则

受中国应试教育的影响，阅读教学与其他教学一样，教师将更多的关注点放在教学检测结果之上，而阅读理解中的理解却被忽视。实际上，成功完成阅读的关键就在于完善与监控阅读理解。为了能够让学生学会理解，可以从学生的自我检测入手，并鼓励他们同教师探讨具体的理解策略，这是元认知与认知过程的紧密结合。

例如，教师不应该在学生阅读完一篇文章之后，提问学生关于理解的问题，而是应该为学生示范如何进行理解。全体学生一起阅读、一起探讨，这样便于每一位学生理解文章的内容。

二、自主学习能力培养下大学英语阅读教学改革的方法

(一)采用"阅读圈"教学

"阅读圈"是指一种由学生自主阅读、自主讨论与分享的阅读活动。[①]在大学英语阅读圈中常常会采用分组的学习方式,小组中每位学生自愿承担一个角色,负责一项工作,并进行读后反思。在阅读体裁的选择上,可以选择自己喜欢和感兴趣的文章开展有目的性的阅读。同时,每个人都有自己的任务需要完成,每个人在阅读完以后都要和他人分享和讨论相关性的问题。阅读圈模式的目的是鼓励学生阅读和思考,其活动效果在很大程度上取决于小组成员在前期是否做好了充分的准备工作。采用"阅读圈"教学法开展阅读教学,对于提高学生的阅读兴趣和教学效果具有重要意义。在英语阅读教学中,"阅读圈"教学法主要包含以下几个实施步骤。

1. 设计任务

教师以某个文化专题为教学内容,明确教学目标,选定学生在课堂以及课外需要阅读的材料,设计好相应的需要学生进行讨论和分析的问题,并规划好学生完成这些任务的学习模式。

2. 布置任务

在这一环节,教师安排学生组成"阅读圈",每个小圈子为6~7人。之后,教师向学生讲解阅读圈教学模式的理念、要求和规则,告知学生的学习重点和内容。此外,教师可以鼓励学生在自己的阅读圈内承担一定的角色,具体角色示例如表5-1所示。

---

① 刘卉.英语文化教学中阅读圈教学模式的构建与探索[J].教育现代化,2018,(45):237.

第五章 自主学习能力培养下的大学英语读写教学改革

表 5-1　阅读圈各成员的角色分配示例

角色	具体任务
讨论组织者	主持整个讨论过程,并准备相关问题供圈内成员讨论
词汇总结者	摘出阅读材料中的与文化专题相关的重点词汇和好词好句,引导圈内成员一起学习
总结概括者	对所有阅读材料的文化元素和内容进行总结并与组员分享,总结、评价小组活动的内容和成果
语篇分析者	提炼阅读材料的重要的语篇信息并与圈内成员分享
联想者	将所读阅读材料与文化专题相对应的中国文化的内容建立联系,结合最新的社会文化发展动态进行批判性评价
文化研究者	从阅读材料中找到与自己相同、相近或者不同的文化元素和内容,并引导圈内成员进行比较

(资料来源:刘卉,2018)

3. 准备任务

在完成布置完任务之后,教师引导学生进行独立思考,并让学生对需要讨论的问题及自身的思考结果形成文字。此外,由于阅读圈内各成员承担着不同角色,教师应鼓励学生完成各自任务,自由表达自己对文化的不同看法。

4. 完成任务

当学生通过自己的努力和教师的引导完成相应的任务时,各个小组就可以按照各自负责的内容进行汇报,对所读内容进行信息加工、思维拓展,确定小组汇报的内容,最终形成 PPT,在课堂上展示核心成果。这一阶段是学生汇报并自由讨论的阶段,有助于启发学生的多元思维,深化文化内容的探讨,因此教师要引起足够的重视。而教师作为活动的组织者和指导者,要掌控整个讨论过程,对讨论过程中可能出现的争论不休或偏离主题等问题进行及时解决。

5. 评价任务

当学生各自汇报完自己的学习成果时,就可以进入评价阶段了。评价可以是学生自评,也可以是同学互评,还可以是学生和教师共同评价。在互评时,可以根据每个阅读圈展示的阅读成果以及成员讨论表现进行打分。学生互评完成后,教师可以进行总结,对各阅读圈及学生自身的表现进行点评。需要注意的是,教师在点评时要注意尊重学生对文化的不同观点,重点关注学生思想的深度和广度,同时对那些积极参与讨论的学生提出表扬,以此带动全班同学积极参加此类活动。

(二)构建阅读文化图式

图式理论充分彰显了阅读的本质,即强调阅读的本质是读者及其大脑中所理解的相关主题知识与阅读材料输入的文字信息之间相互作用与交互的过程。[①] 图式理论是一种关于阅读研究的科学理论,其不仅强调文化背景知识与文化主题知识的重要性,而且并未忽视词汇、语法在阅读中的重要作用。下面通过读前、读中、读后三个阶段进行详细的分析。

读前阶段是信息导入阶段。在这一阶段,要发挥出图式在阅读之前的预测功能。教师可以组织学生参加一些讨论、预测或者头脑风暴等活动,从而将学生头脑中的图式激发出来。在这一阶段,通过自上而下的阅读,学生头脑中的先验知识与文本相结合,从而将学生的图式激活与构建,为学生进一步的阅读埋下伏笔。

读中阶段是文化渗透阶段。在这一阶段,要发挥出图式的信息处理功能。学生们根据自上而下的模式来探究文章的整体思路。一些新的文化知识可以通过自上而下的阅读模式获得,从而构建内容图式与阅读技巧。在读中阶段,略读、细读等都是比较好的策略。

读后阶段是文化拓展阶段。在这一阶段,要发挥出图式的记忆组织功能。教师可以通过各种活动对学生的新图式加以巩固,如辩论、角色扮演、讨论等。图式理论指出学生存储在大脑中的

---

① 马苹惠.高中英语阅读课中文化教学的研究[D].福州:福建师范大学,2016:9.

图式越丰富,学生的预测能力就越强。因此,课外阅读是非常重要的。具体可以通过图 5-1 体现出来。

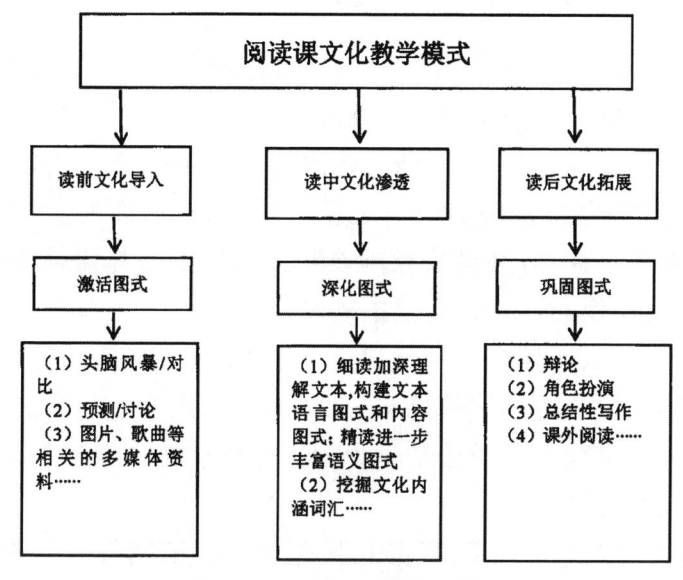

图 5-1 阅读文化图式模式

(资料来源:马苹惠,2016)

1. 读前文化导入——激活图式

(1)头脑风暴法

在英语阅读中,头脑风暴法常被用于导入环节中。学生通过这一方法可以展开丰富的联想,从而刺激头脑中形成新的图式。因此,教师在文化导入过程中要考虑话题的需要,为学生创设合理的头脑风暴,让学生更好地融入课堂中。

(2)预测与讨论

在阅读之前运用图式理论时,教师应该发挥学生推理的能力。学生通过对文本材料进行解读与推理,从而刺激自身的图式。

(3)运用多媒体资料

在文化导入阶段,教师应该善于运用多媒体资料,从而让学生更好地体验文化教学的特色。通过多媒体,学生可以更直观地感受语言知识,了解中西方语言文化的差异,刺激学生的图式,让学生在激活自身图式的基础上进行下一步内容图式的拓展。

2. 读中文化渗透——深化图式

在读中阶段,教师可以在这一阶段进行文化知识的渗透,进一步对学生的内容图式加以丰富,从而让学生更好地展开阅读。在阅读教学中,教师采用扫描、略读等策略帮助学生构建灵活的图式,促进学生激发头脑中与之相关的图式,从而便于学生更好地理解文章。在细读阶段,教师要帮助学生挖掘与语篇相关的文化内涵,扫除他们在正式阅读中的障碍。

首先,可以通过略读和扫描法,让学生大致了解文章的大意,从而获得对文章的总体信息与思路,这是帮助学生建构相关内容图式的有效路径。扫描法是学生根据教师的指令,能够在文章中找到特定的信息。

其次,可以通过细读,根据上下文,让学生明确每一个单词的含义,尤其是那些具有文化内涵的词汇,从而丰富学生的内容图式。

3. 读后文化拓展——巩固图式

在读后阶段,主要是充分发挥学生头脑中的记忆功能。一般来说,读后的文化拓展的方法主要有如下几种。

第一种是辩论。教师可以针对文本材料中的相关内容,选取一些视角展开辩论,学生在辩论中对与文本相关的内容图式加以巩固。同时,通过辩论,学生也可以更好地理解文本的文化内涵与文化背景知识。

第二种是角色扮演。学生通过学习与文本相关的文化知识,从而丰富自身的文化内容。然后,学生带着角色有目的地重新阅读文本,教师引导学生对文本进行改变或者情景模拟,从而激发学生学习的兴趣和积极性,提高他们在真实语境下对文本综合运用的能力。

第三种是总结性写作。这一方式有助于学生加深对文本的理解,让学生将文化知识从短时记忆转向长时记忆。

第四种是课外阅读。除了课后巩固之外,教师还应该鼓励学生展开课外阅读。通过大量的课外阅读,学生可以提高学习的自主性,而且还能在阅读中不断丰富自身的内容图式。

三、自主学习能力培养下的大学英语阅读学习策略与技巧

(一)阅读策略

1. 引导

引导过程的基本任务是确定学习目标,唤起学习者学习动机。一般包括以下教学内容:预习、解题、介绍有关资料。阅读实践中,可以全部运用,也可以只运用其中的若干项。

(1)预习

预习是学习者学习的准备阶段。学习者可以在课前预习,也可以在课堂上进行预习。

(2)解题

课文标题相当于文章的"眼睛",透过课题可以了解文章的内涵和特点,所以,学习者找到理解课文的纹理脉络。课文标题与文章内容的关系,或者是课文标题直接揭示主题,或者课文标题指示选材范围或对象,或者课文标题直接指示事件,或者课文标题隐含深刻寓意等。

(3)介绍有关资料

介绍有关资料是帮助学习者深入学习和理解课文的基础,包括介绍作者生平、写作缘起、时代背景和社会影响等内容。介绍有关资料也应根据课文特点和学习者学情具体而定,可以几个方面的内容都作介绍,也可以有选择地进行介绍。

2. 研读

研读过程是阅读的核心环节,主要是对课文的内容和形式作深入的研读和探讨。根据阅读活动的特点,研读过程一般分为三

个阶段：感知阶段、分析阶段、综合阶段。感知阶段是对课文的整体认识，分析阶段是深入对课文的具体认识，综合阶段是对课文的整体理解和把握。

（1）感知阶段

感知阶段一般包括以下几方面的内容：认识生字新词、课文通读、感知内容、质疑问难。

（2）分析阶段

分析阶段是对课文内容和形式进行深入细致的具体分析研讨，主要包括文章结构分析、内容要素分析、写作技巧分析、语言特点分析、重难点分析。

（3）综合阶段

综合阶段是在分析阶段的基础上进行的，是由局部到整体的概括过程，是由现象到本质的抽象过程。综合阶段的教学任务一般包括概括中心思想、总结写作特点等。

3. 运用

运用过程的基本任务就是学习者把分析综合阶段中学得的知识应用于实践，并转化为英语能力。转化的途径就是集中训练，一般采用听、说、读、写等多种方法进行，这是阅读的关键。

阅读过程中有多边矛盾，而核心的矛盾是学习者认识、学习课文的矛盾，其他矛盾都从属并服从于这一矛盾。因此，学习者应有效地认识、学习课文。

（二）阅读技巧

从横向上看，阅读的方式有朗读、默读；精读、略读、速读，相应的就有各自的阅读技巧。

1. 朗读

朗读就是出声地读，是通过读出词语和句子的声音把诉诸视觉的文字语言转化为诉诸听觉的有声语言。朗读有助于增强对

第五章 自主学习能力培养下的大学英语读写教学改革

语言的感受能力,从而加深对文章思想感情的体会理解;可以促进记忆,积累语言材料;有助于形成语感,提高口头和书面的表达能力等。朗读训练的方式主要有:范读、领读、仿读、接替读、轮读、接读、齐读、小组读、个别读、散读、分角色读等。对读物可采取全篇读、分段读、重点读等。

2. 默读

默读是指不出声的阅读,它通过视觉接收文字符号后,直接反射给大脑,可以立即进行译码、理解,因此,默读又称"直接阅读"。一般说的阅读能力,实际多指默读能力,因为它在实际学习和生活中运用得最多。

默读训练的要求:感知文字符号要正确,注意字音、字形、词语的搭配、句子的排列;要讲究一定的速度,要学会抓重点;在阅读中学会思考,根据文章的内容,向自己提出问题,解决问题。

根据默读训练的要求,默读训练可着重从下面三方面进行。

第一,视觉功能的训练。主要是扩大视觉幅度的训练,增加一次辨认的字的数量,同时提高视觉接受文字符号的速度,减少眼停次数和回视次数。

第二,默读理解的训练。主要是要教会学习者如何调动想象、联想、思维和记忆的作用,以提高理解读物的内容深度和速度。

第三,默读习惯的训练。主要是帮助学习者克服不良习惯,如出声读、唇读、喉读、指读、回读等;使学习者养成良好的阅读习惯,如认真、专注、边读边思,边读边记等,良好的阅读习惯能够提高阅读效率。

3. 精读

精读是逐字逐句深入钻研、咬文嚼字的一种阅读。

精读训练的基本要求:对读物从整体到部分,从部分到整体,从形式到内容,从内容到形式的反复思考深入理解;对于阅读材料中的关键词语或句子,要仔细推敲琢磨,不仅要理解其表层的意义,而且要深入领会其言外之意,画外之象;养成边阅读边思考、边阅读边做笔记的习惯,因为只有真正独立思考的主动的阅读活动,才是有效的阅读活动。

为了提高精读训练的有效性,教师在精读训练过程中要提示精读的步骤和方法,给予适当的引导,使学习者逐步练习,直到完全掌握精读技能、形成熟练的技巧与习惯。

精度训练可以有不同的步骤,各有侧重。具有代表性的精读步骤有以下几种。

三步阅读法:认读→理解→鉴赏。

五步阅读法:纵览→发问→阅读→记忆→复习。

六步阅读法:认读→辨体→审题→问答→质疑→评析。

在实施阅读训练的过程中,无论哪一个步骤或环节都需要运用良好的、合适的阅读方法才能保证精读的顺利完成。实际上,精读没有固定不变的步骤和方法,每个教师都可以根据自己的经验和学习者的情况提出训练方案,同时鼓励学习者在实际阅读和训练中总结出符合个人阅读情况的步骤和方法。

4. 略读

略读是指粗知文本大意的一种阅读,是一种相对于精读而言的阅读方式。略读对文章的阅读理解要求较低,略读的特点是"提纲挈领"。它的优势在于快速捕捉信息,在于发挥人的知觉思维的作用,一般与精读训练总是交叉进行的。

略读训练指导应注意:第一,加强注意力的培养,提高在大量的文字信息中捕捉必要信息的能力和纠正漫不经心的阅读习惯。第二,加强拓宽视觉范围、提高扫视速度的训练。第三,着重训练阅读后用简练的语句迅速归纳材料的总体内容或概括中心意思的能力。第四,注意教给学习者如何利用书目优选阅读书籍,利用序目了解读物全貌,如何寻找和利用参考书解决疑问,以及略读中如何根据不同文体抓略读要点等。

5. 速读

速读是指在有限的时间里,迅速抓住阅读要点和中心,或按要求捕捉读物中某一内容的一种阅读方式。速读的基本要求:使用默读的方式;扩大视觉范围,目光以词语、句子或行、段为单位移动,改变逐字逐句视读的习惯;高度集中注意力进行阅读的习惯;每读一篇都有明确的阅读目标的习惯;减少回读;从顺次阅读进入跳读。

速读方法的训练主要有:一是提问法,读前报出问题,限时阅读后,按问题检查效果。二是记要法,边读边记中心句、内容要点或主要人物和事件等,读后写出提要。三是跳读法,速读中迅速跳过已知的或次要的部分,迅速选取与阅读目的相符的内容,着重阅读未知的、主要的或有疑问的地方。四是猜读法,即根据上文猜测下文的意思,或根据下文猜上文的意思,能迅速猜测出意思的,就不必刻意去读。当然,速读训练应注意根据学习者的阅读基础和读物的难度来规定速度的要求。

第三节 自主学习能力培养下的大学英语写作教学改革

在英语技能教学中,写作教学是其重要的一部分。通过写作教学,学生能够不断提升自身的写作能力与思维能力,提升自己情感表达的水平,从而促进自身写作学习的动机。

一、大学英语写作教学概述

(一)写作的内涵

写作是人们传达思想与情感的一种书面形式,与口语具有同等的地位,不是口语的附属品,都属于对语言的重要输出。

写作的过程是非常复杂的,其需要复杂的思维,并受到知识、技能、风格、内容、结构等多个层面的影响和制约。如果要想写出一部完美的作品,首先需要保证风格的统一与结构的完整。

需要指出的是,写作并不是简单地从视觉教学编写,而是一个对各类问题与信息展开加工的过程。一般来说,写作的目的也是非常明确的。根据写作目的的不同,写作形式有论文、报告等多种形式。

通过写作,可以实现如下两大功能。

首先是为了学习语言而展开写作。通过写作,学生可以对自己所学的词汇、语法、语篇知识加以巩固。

其次是为了写作而展开写作。因为通过写作,学生可以将自身的观点表达出来,从而锻炼自身的手和脑,强化自身的写作学习,提升自身的写作能力。

简单来说,英语写作是运用书面形式传达思想与情感的。但是,语言与文化关系密切,文化对写作有着直接的影响。汉语往往呈现整体性与象征性,而英语呈现的是逻辑性与明确性,因此在写作时,学生切不可用汉语的思维展开英语写作,因为这样写出的文章很难让人理解。

(二)大学英语写作教学的原则

1. 恰当性原则

英语写作教学的恰当性是指写作任务的设计应该恰当。具体来说,写作任务需要具备如下两点特征。

一是能够激发学生思想交流的需求,使学生有内容进行写作。

二是对于学生语言能力提升有帮助,如增加词汇量、学习新句型等。

这两点虽然是作者对写作方法的要求,但也是对写作任务的设计要求。具体来说,如果教师要想设计出一个好的写作任务,那么就需要与学生的实际相符,让学生有充足的内容与经验展开写作。同时,还需要符合学生实际的语言能力,这样才能完成写作,将理论知识运用到具体的实践中。

2. 多样性原则

英语写作教学中需要坚持多样性原则,主要体现在训练方式与表达方式上。

从训练方式上说,教师应该采用多样化的方式,如可以通过扩写、仿写等办法训练学生的写作能力,同时教师应该把握好每一种方法的优缺点,让学生在多种方法下掌握适合自己的方法。

从表达方式上说,教师应该引导学生在写作中运用多种表达方式,这样的写作才是灵活的写作。这不仅可以对学生写作中的问题加以弥补,还可以提升学生的灵活运用技巧,这样写出来的文章才能更吸引读者的注意力。

3. 循序渐进原则

任何一件事情的顺利完成都是需要花费时间的,都是一个循序渐进的过程,大学英语写作教学也不例外。在英语写作教学中,循序渐进原则主要涉及以下几个方面。

(1)语言层面:由低到高

在语言层面,教师可以先让学生进行句子写作方面的练习,然后逐步过渡到段落与篇章的写作。由于课堂教学时间有限,教师可以将对句子的写作训练穿插在其他技能课中,如精读和听说课。此外,教师可以设置组织各种训练活动,如连词组句、补全句子、合并句子、扩充句子等,学生对句子写作逐步熟练后,教师就可以增加难度,过渡到篇章写作。

(2)语法结构层面:由易到难

在写作过程中,很多学生都因语法欠佳而无法使用哪怕稍微复杂一点的表达,这样势必会影响输出效果,写作质量也不会太高。因此,学生一定要重视语法学习,掌握基础的语法结构,在此基础上掌握更为复杂的语法结构。具体来说,在写作学习中,学生要先掌握简单句,然后掌握复杂句和并列句;先掌握短句,然后掌握长句;先掌握陈述句,然后掌握虚拟句和感叹句。[①]对教师来说,也要坚持循序渐进原则,在语法结构上由易到难,帮助学生巩固基础,进而攻克薄弱环节。

(3)话题层面:由熟到生

学生对于自己熟悉的话题往往更有写作兴趣,写起来也相对容易。因此,教师在写作训练中,可以先从学生熟悉又感兴趣的话题开始,等学生掌握一定的写作技巧后,可以让学生就一些社会热点问题等表达自己的观点,从而锻炼学生的写作水平。

(4)体裁层面:由简到繁

对学生来说,不同文体其难易程度各不相同。一般来说,记叙文的写作难度较低,其次是描写文,然后是说明文,议论文的写作难度则较高。因此,在写作体裁方面,学生应从记叙文的写作训练开始,逐步向其他体裁过渡。

4. 文化对比原则

受文化背景的影响,英语写作教学中需要坚持文化对比原则,即教师在教学中将中西方文化的差异引入教学中,从而为学生的写作学习奠定基础。

很多学生到了大学阶段,实际上已经掌握了一定的写作技巧,但是他们掌握的写作技巧大多都是中式写作,忽视了英语写作的编码与解码。也就是说,他们的写作大多是将汉语翻译成英语进行写作,导致文章中出现了很多的中式英语,这样很难让读者理解。

因此,在英语写作教学中应该坚持文化对比原则,让学生明确中西方语言与文化的差异,写出地道的文章。

[①] 黄元龙. 浅议高职英语写作教学的循序渐进原则[J]. 开封教育学院学报,2017,(2):152.

二、自主学习能力培养下大学英语写作教学改革的方法

(一)重视文化知识积累

在跨文化转型背景下,英语写作教学应该重视让学生积累丰富的文化知识,摆脱汉语负迁移作用对学生英语写作的影响。在日常的写作中,如果学生遇到困难的句子,他们往往会选择用汉语思维对句子进行组织,导致出现了明显的语言错位,这就是受汉语负迁移作用的影响导致的。因此,在英语写作教学中,教师除了对学生的词汇、语法等语言知识进行训练,还需要训练他们的文化知识,避免学生出现负迁移的现象。同时,教师应该鼓励学生多进行阅读,让他们在阅读中挖掘文化知识,从而对自己的语言进行充实,写出得体的文章。

(二)通过阅读促进写作

无论写什么题材或者体裁的文章,要想真正地打动读者,就必须要言之有物。如果缺乏文化知识的积淀,那么这样的写作必然是单调与死板的。要想保证顺利展开跨文化交际,不能仅仅在自己的小圈子里说话,而应该从与他人沟通的角度展开写作。当然,在这之前,学生需要阅读大量的文章,首先充实自己,这样才能有话可写。

因此,在写作教学之前,教师可以让学生读一些相关的资料,通过收集与选择,将这些资料运用到自身的写作中,提升自身的写作水平,培养自身的归纳与总结能力,从而写出与众不同的内容。

三、自主学习能力培养下的大学英语写作学习策略与具体技巧

(一)写作策略

1. 自由写作

自由写作(free writing)就像是一个开启思维情感的闸门,

是一种思维激发活动(brainstorming)。其主要目的是克服写作的心理压力,激发思维活动和探索主题内容。

(1)寻找写作范围

在进行自由写作时,首先要确定写作范围。将头脑中能想到的内容都写下来,这些内容看似无用,但仔细品读就会发现,这些杂乱甚至毫无联系的句子隐含着自己最为关心的情绪,只是隐藏在思想深处,无法注意到。这样就可以确定一个代表着自己真情实感的写作范围,而且找到最为闪亮的句子或词语,为接下来的写作奠定基础。

(2)寻找写作的材料

在确定写作范围后,就要寻找写作素材。在特定的范围内开展自由写作,尽管这是有所约束的写作,但是还要放松地进行。在停笔之后,通读所写的文字,分门别类地整理这些写作的材料,提炼出文章的基本线索和层次结构。

(3)成文

在两次自由写作的基础上,构建真正属于自己的完整文章。前两个阶段的自由写作实际把构思过程通过文字语言给外化了,是对构思过程的一种自由解放,在无束缚中发挥出写作主体的创造性和能动性。

2. 有话可写

(1)激发兴趣

兴趣是学习者写作的源头活水。在写作中,可以采用如下方式培养自己的兴趣。

多说。口头讲述的过程,既是对新鲜事物的认识,也是对所经历事物的再认识。多说不仅可以激发自己的写作兴趣,而且可以帮助自己对写作的思路进行加工、整理,是写作前必要的准备。

多看。学习者可以走进自然、走进生活,在观察中获得真实的情感体验。

多做。实践活动符合学习者的心理特点。在活动中学习者

第五章 自主学习能力培养下的大学英语读写教学改革

能享受到快乐,在快乐中能激活思维,以促使学习者想把活动用语言表达出来。因此,教师要多让学习者进行实践活动。

（2）丰富素材

为了使自己有话可写,学习者可以从经验出发,引导自己回归生活,积累丰富的素材。具体来说,学习者可以在游戏、活动中丰富写作素材,在日常生活中丰富写作素材,在言语交际中丰富写作素材,在阅读中丰富写作素材。低年级学习者虽然还不懂主题、构思等概念,但他们在阅读欣赏一些优秀篇目时,这些概念已然在发挥其文学的功能,使学习者在潜移默化中受到熏陶与启迪。所以,阅读可以帮助学习者增强语感,扩大知识面,使表达更加规范。

3. 模仿写作

这是最常用的写作教学方法,采取已有的形式,利用原有的语言材料,学习者可以加上自己的思想进行写作。模仿是学习写作的基本途径,看重范文的作用。其结构主要包括仿写、改写、借鉴、博采四个依次递进的层次。

仿写就是按照范文的样子(包括内容)来"依样画葫芦"的训练。主要有仿写范文一点的点摹法和仿写全篇的全摹法两种形式。

改写是对范文的内容或形式进行某种改动,写出与原作基本一致而又有所不同的新作的训练方式。包括缩写、扩写、续写、变形式改写和变角度改写等几种形式。

借鉴是吸取范文的长处,为我所用,来写出有新意的文章的训练手段。具体方式有貌异心同、词同意不同和意同词不同等三种。

博采是博采百家之义,训练学习者从多篇文章中吸取营养,经过一番咀嚼、消化,然后集中地倾吐出来,写成自己的文章。这样,就已完成了从模仿到创造的过渡任务。

4. 单项作文

这就是我们通常所说的小作文,主要是针对学习者在写作过程中出现的具体环节进行局部或片段训练。比如,学习者的作文普遍存在命题随意或题目不新颖的问题,因此教师就可以进行"让作文题目亮起来"的专门针对题目的训练;比如,学习者的作文中只是叙述,缺少生动的描写和有深度的议论性语句,教师就可以进行表达方式的综合运用的训练。让学习者将叙述、描写、抒情、议论放在一起做综合训练,或者直接针对作文的立意、命题进行训练,对于提高学习者作文中的文采进行训练等。这种训练针对性强,一次作文解决一个问题,目的明确,篇幅短小,易操作,见效快。

(二)写作技巧

在写作教学中,记叙文、议论文和说明文是最常见的三种文体,这里就对它们的写作进行分析。

1. 记叙文写作

记叙文是写人、叙事、状物的文章。记叙文包括通迅、特写、游记、回忆录等。在课本中,记叙文所占的比重很大,作文选择记叙文的也很多,因此教师需要做好记叙文的写作教学设计。

一般来说,以叙事为主的记叙文以现实生活中发生的、真实的、有一定意义的具体事件作为叙写对象。从理论上讲,可以是社会生活的事件,也可以是日常生活的事件,还可以是自然界的事件。有人把记叙文的表现对象局限于"社会生活的典型事件"是不太恰当的。诚然社会生活的典型事件有其优越性。首先是典型性,并因其典型性而有普泛意义,这样就赋予了"事件"的现实意义;其次是社会性,并因其社会性而受到人们的热切关注,这样就赋予了"事件"以社会价值。教师在设计记叙文写作教学时要体现教学大纲的要求,要把握记叙文的特点,要考虑到学习者的实际水平和接受能力。教学设计的形式应该是多样的,可以

第五章 自主学习能力培养下的大学英语读写教学改革

是常规型的,也可以是探索型的;可以简约,也可以详尽。总之,要用实用价值,要体现教学改革的精神。例如,教师让学习者以"今天中午"为题叙述自己的所见所闻,学习者在叙述的过程中可能会提到许多画面,教师就要引导他们将自己在不同画面中的听觉、视觉、感觉表达出来,同时引导他们掌握叙述的节奏,如慢节奏的温馨早餐、快节奏的运动活动等。

2. 议论文写作

议论文写作要求作者通过摆事实、讲道理,直接表达自己的观点和主张。作者对客观事物进行分析、评论,以表明见解、主张、态度,通常由论点、论据、论证三部分构成。议论文写作教学虽然比不上记叙文写作的教学,但也是语言教学的一个组成部分。因此做好议论文写作教学设计十分必要。

一般来说,议论文写作教学设计首先要做好教师启发。学习者生活在一定的社会环境中,每天都要接触许多人,遇到许多事,听到许多议论,有令人满意的,也有不尽如人意或令人气愤的。同时,他们平时可能获得某些成功,也可能遇到某些困难或失败,这些都会使他们产生种种感受和看法,教师就需要学会启发他们思考。例如,用一些值得议论的典型事例或现象让他们思考,并将自己的思考用文字的形式表达出来,最后写成文章。

考虑到议论文中,学习者表达观点需要一定的论据支持,教师也要在教学设计中引导学习者找到论点和论据。由于学习者的身心发展还不成熟,因此议论水平不会太高,教师要注意不要设置太高的论点,以适应学习者的实际水平。

3. 说明文写作

说明文是以说明某种事物或某种过程为写作目的的一种写作形式。要写好说明文首先要对被说明的对象有充分的认识和了解,分析、比较这一事物和另一事物之间的不同点,把握事物的特点,然后紧紧抓住这一特点加以说明,只有这样,才能把事物说得明白清楚。例如,《我们的学校》就要写出我们的学校与其他学校的不同之处,切忌泛泛而谈。

  教师在设计说明文写作教学时,应注意说明文给人以知识,所以学习者必须对所要传授的知识有所了解,这也是合理安排顺序的前提。如果对泰山没有比较丰富的知识,自己也没有仔细游览过,即使掌握了关于空间顺序或者时间顺序的技巧,也不可能给人以真正的知识。阐释事理亦然,如对事物本身的逻辑关系若明若暗,也无从安排逻辑顺序了。

  此外,说明文和记叙文、议论文都有条理性即顺序安排问题。记叙文中的时间顺序安排,应用极其广泛,写说明文时可有目的有选择地进行借鉴。另外,记叙文中涉及写景和游记类文字中经常有方位安排的技巧,这也可在说明文中运用。议论文以说理为主,根据事物之间的逻辑关系进行判断推理,与事理说明文中逻辑顺序的安排有相通之处。

第六章　自主学习能力培养下的大学英语翻译与文化教学改革

随着中外交流的日益频繁,社会对具备英语翻译能力人才的需求越来越大,而作为向社会输出英语翻译人才的英语翻译教学也受到越来越多的重视,并成为英语教学中的重要组成部分。此外,人们从出生起就浸润在母语语言与文化环境中,在习得母语的同时,实际上也学习了母语文化。但是,对于中国人来说,英语属于第二语言,属于一门外语,在学习该语言的过程中也不能忽视对其文化的学习。随着全球化趋势的加剧,我国的英语教学也必然离不开文化内容的教授。为此,本章就来研究自主学习能力培养下的大学英语翻译与文化教学改革。

第一节　大学英语翻译与文化教学面临的问题

一、大学英语翻译教学面临的问题

(一)翻译教学理论与实践脱节

理论源于实践,只有将理论与实践结合起来,才能提升翻译质量与翻译效率。因此,在英语翻译教学中,教师除了传授学生基本的翻译知识与技巧外,还需要不断带领学生参与到翻译实践中,在实践中验证学生对课堂的掌握情况。但就目前来看,我国很多学校在翻译教学中都是理论与实践脱节,仅传授理论,导致学生学习了大量理论知识,却不会运用到具体的实践中。

(二)教师素质有待提升

很多教师追求速度,对翻译教学并未沉下心进行研究,因此无法对学生展开有效的指导。很多教师也并非翻译专业出身,他们学的大多是综合类英语,因此对翻译的基础知识掌握得并不透彻,导致翻译教学开展起来非常困难。

(三)学生的翻译意识薄弱

当前,学生的翻译意识非常薄弱,很多学生仅仅将翻译作为赚钱的手段。同时,学生的翻译心理也有明显不同,一些学生未明确翻译的理念与策略,未形成健全的知识体系,因此他们对待翻译是一知半解的,无法真正地运用到实践中。

二、大学英语文化教学面临的问题

(一)课程目标迷失

任何课程都是教学性目标与教育性目标的结合,教学性目标侧重于学科的特定传递;教育性目标侧重于人的全面发展。对于文化课程而言,两大目标都属于其重要的手段,二者是目的关系。当前文化课程正在发展成为一种"符号表征",一种"文本",正是这种文本,可以解读出很多意义,如审美意义、个性意义等。无论是传统语言学对语法的关注、结构语言学对形式分析的关注,还是交际语言教学对语言技能的关注,英语文化课程目标往往局限于词汇、句法、表达等教学性目标层面,缺乏对教育性价值的挖掘。

现实中,提高学生的人文素养还只是英语文化课程的总体要求,并没有划分出具体的目标,英语文化教学的目标并不是通过语言去认识世界,而仅仅是通过语言来创造自己,这样的现状导致英语文化教学中缺乏人文精神与东西方沟通能力,这也是当前英语文化教学中出现危机的来源。

(二)英语文化课程主体素养不足

课程教学是为了人,也得依靠人。也就是说,英语文化课程目标、内容都离不开一个关键因素——课程主体,尤其是英语文化教学中的教师的综合素质。但不容乐观的是,当前的英语教师的综合素养不足,从群体而言,他们的目的语语言素质要高于综合文化素养。这一现象主要受改革开放以来外语教育工具取向的影响,也与教师本身的职业认知相关。在具体的教学实践中,英语教师往往谈论更多的是目的语历史与文化,却很少提及中国历史与文化。在这样的教学背景下,学生往往过了新鲜劲儿之后就会陷入审美疲劳的境地,甚至无法将文化课程内容与现实相结合,也无法将文化课程内容落到实处。

第二节 自主学习能力培养下的大学英语翻译教学改革

一、大学英语翻译教学概述

(一)翻译教学的内涵

翻译理论与实践相结合构成的一个重要领域就是翻译教学。在研究翻译的过程中,翻译教学是一个不可忽视的内容。要想提高翻译教学的水平,首先必须对翻译教学展开深入探究。对翻译教学实践发展起着决定性作用的就是对翻译教学理论的探究。因此,随着社会对翻译人才需求的大幅度增加,对于翻译教学的相关探究就显得极为重要。

但是,目前学界对翻译教学的内涵仍然存在较大争议。学者们对于翻译教学的范畴及翻译教学与教学翻译的区别并未达成共识。加拿大著名学者让·德利尔(Jean Delisle,1988)曾经对教学翻译(pedagogical translation)与翻译教学(pedagogy of translation)做过明确的区分。

让·德利尔指出:"学校翻译也称'教学翻译',是为了学习某种语言或者在高水平中运用这种语言与深入了解这种语言的问题而采用的一种方法。学校翻译仅为一种教学方法。翻译教学追求目标与学校翻译目的的不同,翻译教学不是为了掌握语言结构与丰富语言知识,也不是为了提高外语的水平。纯正的翻译目的是要出翻译自身的成果,而教学翻译的目的仅是为了考核学校外语学习的成果。"

近些年的研究有了一些新的突破。罗选民认为,学者对教学翻译与翻译教学的阐述有利于对概念的澄清,但翻译教学的概念要重新界定。翻译教学是由"大学翻译教学"与"专业翻译教学"组成的,将原来公认的教学翻译也纳入了翻译教学的范畴,其扩大了翻译教学的范围。

(二)大学英语翻译教学的原则

1. 循序渐进原则

翻译能力的提高不可能一蹴而就,而是要经历一个过程。相应地,翻译教学也不能操之过急,应遵循由浅入深、循序渐进的规律,所选的语篇练习也应该是先易后难,逐步帮助学生提高翻译能力。从篇章的内容来看,应该是从学生最熟悉的开始;从题材来看,应该从学生最了解的入手;从原文语言本身来看,应该是从浅显一点的渐渐到难一些的。这样由浅入深,学生们对翻译学习会越来越有信心,兴趣也会逐渐增强,翻译技能也会相应得到提高。

2. 精讲多练原则

精讲多练原则主要包含两个层面:精讲和多练。翻译教学如

第六章　自主学习能力培养下的大学英语翻译与文化教学改革

果仅从传统教学方法入手,先教授后练习,那么是很难塑造出好的翻译人才的。因此,在翻译教学中,教师应该不仅要教授,还需要练习,在课堂上将二者完美结合。

3. 实践性原则

翻译理论的教授很难培养出好的翻译人才,还需要进行翻译练习,这就是翻译的实践性原则。在翻译教学中,教师应该为学生创造更多的机会展开练习。例如,教师可以让学生去翻译公司实习,通过实践活动来进行体验。

二、自主学习能力培养下大学英语翻译教学改革的方法

（一）扩大学生知识面

翻译是一项包含多领域的活动,如果对翻译的基础知识不了解,就很难明白文本的内容,也很难准确展开翻译。到目前为止,我国很多高校的英语翻译教学过多关注翻译基础知识,忽视翻译能力培养,尤其是很少介绍文化方面的知识,这就导致学生遇到了与文化相关的翻译内容时往往手足无措,甚至会出现翻译错误。因此,在英语翻译教学中,应该渗透文化知识,扩大学生的知识面,培养学生对文化知识的理解与把握,帮助他们形成翻译能力。

（二）提高学生语言功底

翻译活动是一项复杂的活动,其需要学生具备双语知识。也就是说,英汉语言功底对于翻译人员都不可缺少。因此,在翻译教学中,教师不仅要教授学生英语语言知识,还需要培养学生的汉语表达能力,熟悉英汉语言国家的表达习惯,提升翻译质量。

（三）注重文化对比分析

由于教学环境的影响,英语文化的渗透还需要依赖翻译教学,其中文化对比分析是一种比较重要的方式。具体来说,在翻

译教学中,教师不仅要讲解教材中的文化背景知识,还需要对文章中的中西文化进行对比与拓展,帮助学生在翻译内容时接受文化知识。另外,利用文化对比分析,学生能够建构完整的文化体系。

三、自主学习能力培养下大学英语翻译的学习策略与具体技巧

(一)翻译策略

1. 归化策略

归化策略是以目的语为中心,主张用目的语来代替原文中相异于目的语的要素,从而确保译文通俗易懂。在采用归化策略时,译者会以目的语读者为中心,常采用自然流畅的本组语言来进行翻译。这种翻译策略可使译文更加生动地道。例如,"The man is the black sheep of family."如果直译为"那人是全家的黑羊",会使人非常迷惑,但译为"害群之马",其意思便十分明了。

采用归化策略进行翻译,可有效消除不同文化之间的隔阂,尤其是在目的语中找不到与原文相对应的表达时。例如:

You seem almost like a coquette, upon my life you do—They blow hot and cold, just as you do.

你几乎就像一个卖弄风情的女人,说真的,你就像——他们也正像你一样,朝三暮四。

原文中 blow hot and cold 其字面意思是"吹热吹冷",但这样翻译显然是不正确的。实际上,这一表达源自《伊索寓言》,是指一个人对爱人不忠实。采用规划策略将其译为"朝三暮四",更能清晰表达其含义。

2. 异化

异化策略是指译者不打扰作者,让读者向作者靠拢,即译者对源语文化进行保留,并尽量向作者的表达贴近。受不同思维方

式与文化背景的影响,不同民族对同一事物的认知存在明显的差异。译者在对具有丰富历史色彩的信息进行翻译时,应尽量保留其文化背景知识,而采用异化法有助于传递源语文化,保留异国情调。例如:

As the last straw breaks the laden camel's back, this piece of underground information crushed the sinking spirits of Mr. Dombey.

正如压垮负重骆驼脊梁的最后一根稻草,这则秘密的信息把董贝先生低沉的情绪压到了最低点。

上例将原文中的习语 the last straw breaks the laden camel's back 进行了文化异化翻译,汉语读者不仅完全能够理解,还可以了解英语中原来还有这样的表达方式。

(二)翻译技巧

1. 词汇翻译

对于普通词汇的翻译,一般需要考虑词汇的搭配、词汇的词性、词汇上下文关系、词义的褒贬与语体色彩等层面。下面就具体对这几个层面加以分析。

(1)确定词汇搭配

由于受历史文化的影响,英汉两种语言都有各自的固定搭配。因此,译者在翻译时应多加注意这些搭配。例如:

heavy crops 丰收

heavy road 泥泞的道路

heavy sea 汹涌的大海

heavy news 令人悲痛的消息

浓郁 rich

浓茶 strong tea

浓云 thick cloud

浓眉 heavy eyebrows

（2）弄清词性

英汉语言中很多词汇往往有着不同的词性，即一个词可能是名词也可能是动词。因此，在进行翻译时，译者需要确定该词的词性，然后再选择与之相配的意义。例如，like 作为介词，意思为"像……一样"；like 作为名词，意思为"英雄、喜好"；like 作为形容词，意思为"相同的"。下面来看一个例句。

I think, however, that, provided work is not excessive in Amount, even the dullest work is to most people less painful than idleness.

然而，我认为对大多数人来说，只要工作量不是太大，即使所做的事再单调也总比无所事事好受。

上例中，如果将 provided 看作 provide 的过去分词来修饰 work，从语法上理解是没有问题的，但意义上会让人产生困惑。如果将其看作一个连词，翻译为"只要、假如"，那么整个句子的含义就很容易让人理解了。

（3）考虑上下文

上下文之间存在着紧密的关联，这种关联构成了特定的语言环境。正是由于这种特定的语言环境，才能帮助读者判定词义，并且衡量所选择的词义是否准确。事实上，不仅某一个单词需要从上下文进行判定，很多时候一个词组、一句话也需要根据上下文来判定。例如：

Fire！

火！

上例可以说是一个词，也可以说是一句话。如果没有上下文的辅助或者一定的语境，人们很难确定其含义。其可以理解为上级下达命令"开火"，也可以理解为人们喊救命"着火了"，但是要想确定其含义，必须将其置于具体的语境中。

（4）分析词义褒贬与语体色彩

词义既包含喜欢、厌恶、憎恨等感情色彩，又包含高雅、通俗、庄严等语体色彩，因此在翻译时需要根据上下文来进行区分，并且将其代表的情感色彩与语体色彩体现出来。例如：

An aggressive country is always ready to start a war.

好侵略的国家总是准备挑起战争。

An aggressive young man can go far in this firm.

富有进取心的年轻人在这家公司前途无量。

显然,通读完上述两句话就可以得知,两句中的 aggressive 的情感色彩是不同的,第一个为褒义色彩,而第二个呈现的是贬义色彩。

在进行句子翻译时,首先要了解英汉句子的差异,这对翻译的进行具有重要指导作用;其次要恰当运用翻译技巧,这是确保翻译有效进行的基础。

2. 修辞翻译

语言是表达思想的一个重要工具,而修辞是语言的艺术。在语言应用中,修辞格起着非常重要的作用,其不仅可以使句子更加匀称、铿锵有力,还使得语言表达更加鲜明、生动。由于英汉两种语言有着悠久的历史,它们各自的修辞方式也是非常丰富的,但由于思维方式、风俗习惯等差异的存在,导致修辞方式在运用上有相同也有相异的地方。

(1)直译法

在英汉两种语言中,明喻(simile)、隐喻(metaphor)、拟人(personification)、夸张(hyperbole)等是常见的修辞格,对于这些修辞格的翻译,我们可以采用直译的方法,这样可做到神形的相似。例如:

In his dream he saw the tiny figure fall as a fly.

在他的梦中,他看见那小小的人影像苍蝇一般地落了下来。(明喻修辞)

The red flower smiles to the sun.

鲜红的花冲着太阳微笑。(拟人修辞)

显然,从上面的例子可以看出,英汉语在这些修辞格的运用上存在着相似性。

（2）意译法

由于英汉语在思维方式、行为习惯等层面存在着差异性，在修辞格的运用上也会存在一些不同的地方，对于这些修辞格的翻译，我们可以采用意译法进行表达。具体来说，可以采用如下几点技巧。

其一，转换修辞格。所谓转换修辞格，就是译者在进行翻译的时候，需要将一些修辞格转换成另外一种修辞格，这样便于读者理解和把握，同时有助于增强语言表达的感染力。这一类的修辞格主要有矛盾修辞（oxymoron）、头韵（alliteration）等。另外，还有一些修辞格在汉语中是不存在的，这时候就不能机械地采用直译的手法，而是采用其他合适的修辞格展开翻译。

矛盾修辞是将意义相反或者看似矛盾的词语进行搭配，从而构成修饰关系，以对事物的复杂性与矛盾性加以强调。虽然读者乍一看可能觉得不合逻辑，但是仔细分析又觉得很有道理。例如：

bad good news 既坏又好的消息

bitter-sweet memories 苦甜参半的回忆

这种修辞格在汉语中不常出现，因此在翻译时要采用灵活的方式进行处理，从而保证行文的流畅性。

头韵是指一组词、一句话中的开头音重复出现的词，是英语中常见的修辞形式，用来对语言的节奏感加以增强，对语言的旋律进行美化。现代英语中头韵常常出现在谚语、散文之中。在翻译的过程中，需要根据不同的情况加以选择。例如：

Money makes the mare go.

有钱能使鬼推磨。

其二，更换比喻形象。不同的民族其比喻形象有着不同的内涵，并且少数事物有着自身特有的典故，因此在对英语修辞格进行翻译时，译者可以更换比喻形象，避免发生偏离。例如：

as timid as rabbit 胆小如鼠

在中国，兔子是敏捷的动物，但是西方人认为兔子比较胆小，因此在翻译时我们需要了解这一形象，明确英汉文化对兔子的不同认识，从汉语的习惯出发，翻译成"胆小如鼠"更为妥当。

其三,增加用词。在翻译的过程中,我们往往需要从原文的意义与语法考虑,增添一些词或者短语,从而保证与原文的思想相符合。

Success is often an idea away.

这句话如果直译的话可以翻译为"成功往往只是一个念头的距离",这样的表达与汉语的习惯不符,因此我们可以增加"与否",翻译为"成功与否往往只是一念之差",这样的行文才更为流畅,才能让读者快速理解。

第三节 自主学习能力培养下的大学英语文化教学改革

一、大学英语文化教学概述

语言是文化的重要组成部分,语言背后蕴含的是丰富的文化内容。但是,要想明确英语文化教学的相关知识,首先就需要弄清楚其基本的内涵。

1994年,著名学者胡文仲在《文化与交际》一书中指出语言与文化的关系,即语言是文化的一种表现形式,属于文化的一部分。如果学生不清楚英美文化,那么将会很难学好英语。从胡文仲先生这段话中不难看出,要想真正地学会运用语言,首先就需要对文化有所了解。英语文化教学就是引导学生学习西方的文化知识,增强学生对文化的敏感性。

(一)文化教学的兴起与发展

文化教学是从跨文化教育中来的,并且随着跨文化教育的发展而不断进步与发展。作为一种国际性的思潮,跨文化教育主要是在1990年前后产生的,是在联合国教科文组织的推动下得以产生的。1980年,联合国教科文组织开始分析和研究教育与文化二者的关系,尤其是教育对文化会产生怎样的作用。

之后,联合国教科文组织开始组织各种活动,并提倡应该编写合适的教材,让孩子们能够了解不同文化知识。到了1990年,基于联合国教科文组织的推动,跨文化教育的理念更加清楚和明确,并得到了很多国家、地区的认可。之后,联合国教科文组织召开了第43界教育大会,在这次大会上,将教育对文化的贡献作为主题,并促进了世界各国跨文化教育的进步与发展。具体来说,主要体现为如下几点。

第一,注重人的全面发展,并认为可以通过人与人之间的接触来促进人的全面发展。

第二,明确联合国教科文组织的重要目标在于对教育进行普及、对文化进行传播,从而保证文化的独立性与多样性。

第三,明确每个人都有权利参与到文化互动之中,对文化生活加以享受。

第四,对不同文化之间的交往活动予以重视,从而保证文化具有多样性,也能够将文化的特性彰显出来。

第五,对教育与文化的关系予以明确,尤其是教育对文化产生的影响。

第六,对跨文化教育的概念予以明确,并指出跨文化教育的目的在于对文化的尊重以及对文化多样性的理解。

第七,对跨文化教育的内容与范畴加以界定,不仅容纳了某些学科的内容,还将所有学科教育与学校媒体、学校系统等内容融入进去。

第八,认为学校应该与社会环境结合起来,构筑成一个有效的会话场所,并逐渐扩充学生的视野,尤其是文化视野。

第九,对跨文化教育的方法与策略予以明确,并阐释了教育课程、教育内容等原则。

第十,主张构建跨文化教育的质量标准,从而推进跨文化教育在世界的进步与发展。

（二）大学英语文化教学的模式

随着英语教学不断开展，教师对于英语的文化内涵开始给予关注，并且知道在英语教学中培养学生的文化交际素质是非常重要的。在文化教学中，教师应采用恰当的教学模式，只有这样才能实现教学目的。一般来说，文化教学的模式主要有如下几种。

1."交际—结构—跨文化"模式

文化教学的常见模式就是"交际—结构—跨文化"模式，这一模式与中国人的英语教学习惯相符合。在英语教学中，中国的大多数学生都是以汉语思维展开的。这种认知与思维方式与英语学习的规律不相符。心理学家指出，事物之间的差异越大，那么就越能对人类的记忆进行刺激。"交际—结构—跨文化"模式能够从英语学习的全过程出发，展开认知层面的刺激。在教学的各个阶段，都对学生的目的语思维模式产生影响。

（1）交际体验

交际体验即让学生掌握一定的交际能力，通过运用英语展开交际。交际能力是人们为了对环境进行平衡而实施的一种自我调节机制。通过这种交际体验，能够不断提升学生的交际能力。在交际过程中，交际双方需要建立在一定的语言交际环境的基础上，不断熟悉和了解交际双方的背景知识，从而将交际双方的交际技能发挥出来。我国的英语教学需要为学生营造能够进行交际体验的环境，这样才能形成一种双向的互动与交际模式。

（2）结构学习

结构学习将语言技巧作为目标，将语言结构作为教学的中心与重点内容，从而利用英语展开教学。语言具有系统性，语言教与学中应该对这种系统性予以利用，找到教与学中的规律，实施结构性学习方式。

结构学习要对如下几点予以关注。

第一,对学生的英语结构运用能力进行培养。

第二,对学生的词汇选择与创造力进行培养。

第三,对学生组词成句、组句成篇能力进行培养。

第四,对学生在不同语境下的交际能力进行培养。

(3)跨文化意识

跨文化意识是将对文化知识的了解与熟知作为目标,对文化习俗非常重视,利用英语为学生讲解文化习俗方面的知识。要想具备英语文化知识,学生不仅要对英语国家的历史与文化活动有所了解,还需要对相关文学作品进行研读,同时还要了解相关国家的风俗与习惯,从而形成对西方文化学习的热情与兴趣。久而久之,英语教学就成为一种对文化的探索教学,从而激发学生的学习兴趣,提升学生的学习效果。

这一模式要求在整个教学中对中西方文化进行对比,从而培养学生的跨文化意识。

2."文化因素互动"教学模式

考虑英语文化教学中存在多种问题,很多专家、学者从不同的视角提出了不同的解决方案,但是总体上都不能让人满意。文化的双向传递指的是在英语教学中,以中西方文化作为中心,以对文化的学习来促进语言的学习,从而建构学生的中西方文化知识结构,培养他们的跨文化交际能力。

文化因素互动目的是克服因英语教学中单向西方文化输入产生的问题,尤其是"中国文化失语"现象的出现。用中西方文化的双向输入;克服零散的点的输入,用系统的文化输入;克服片面的流行文化的输入,以文化精髓与文化底蕴进行输入;克服被动的文化输入,采用主动的文化建构输入。在英语教学中实施文化因素互动模式,有利于对学生的文化知识结构进行优化,培养学生的文化能力与意识,提高学生的跨文化交际能力,使学生能够在适应全球化发展的同时,对本土优秀文化进行弘扬,保证中西方文化的平等对话。

第六章　自主学习能力培养下的大学英语翻译与文化教学改革

当前,多数英语文化教学将西方文化作为教授的内容,多以西方文化作为教学重点与资源,但是未将中国文化传播纳入教学之中,因此主张采用文化双中心原则。虽然当前基于全球化背景,文化研究多是以西方范式作为主导,但是我们也不能忽视本土文化。很多中国学者呼吁应该进行中西方文化的平等对话,而要想实现平等对话,主体必然是中国人,并且是懂得如何进行平等对话的中国人。中国的大学是培养中国人才的摇篮,中国的大学英语教育应该承担责任,在英语文化教学中坚持文化双中心原则,将中国文化教学与西方文化教学相结合,实现二者的并重,这样才能真正地做到知己知彼,才能避免出现"中国文化失语"的现象。

二、自主学习能力培养下大学英语文化教学改革的方法

有理念,就有方法论。方法形成之后,也不是恒定的,会随着理念的变化而变化。既然英语文化教学的理念在广泛传播,那么它的实施方法就需要被探讨。

（一）运用传统的文化教学策略

1. 文化引入策略

（1）说明策略

在中国,学生一直浸润在母语环境中,周围的英语环境极其缺乏,甚至是空白的,因此学生对很多文化背景知识可能是不太了解的。当学习材料中的文化背景知识影响到学生对学习材料的理解时,教师可以对有影响的文化背景知识做一些说明介绍。教师的说明介绍最好安排在讲解学习材料之前的一段时间进行,以便为学生理解学习材料做铺垫。要将说明介绍的工作做好,教师需要提前在课外时间做好准备工作,搜集一些与教学内容相关的典型文化知识,并通过自己的消化理解将其恰当地应用到课堂之中。通常情况下,教学材料中的作者、内容和事件

发生的时代可能都蕴含着一定的文化内涵，学生必须广泛学习这些背景知识，否则就难以准确理解所学材料。例如，当学生读到《21世纪大学英语》第一册第十单元 Cloning: Good Science of Bad Idea 中的 "Faster than you can say Frankenstein, these accomplishments, triggered a worldwide debate"（不等你说出弗兰克斯坦，这些成果就已经引发了世界范围的大辩论）这句话时，可能不明白如何解释 Frankenstein，因此也不明白整句话的意义。在这种情况下，教师需要介绍以下三点与理解该材料有关的背景知识。

第一，英国女作家 Mary.W.Shelley 写了一部科幻小说，并以自己的名字为这部科幻小说命名，而这部小说描写了一位发明怪物并被它消灭的年轻医学研究者，名字叫作 "Frankenstein"。

第二，在英语中，有个成语为 "before you can say Jack Robinson（开口讲话之前）"，"Faster than you can say Frankenstein" 就是根据这个成语创造出来的。

第三，文章中的人物是在一定的社会背景下出现的，当时克隆技术大肆蔓延，作者极度担心克隆技术会对人类社会造成重创，这一担心又得到了世界上已经掀起的大辩论的证明，因此读者就将克隆技术与小说情节联系起来。

（2）比较分析策略

有比较，就有结果。只有在比较中，事物的特性才会表现得更加明显。经过了不同的历史轨迹，中国和西方国家在长时间的历史积淀中形成了不同的文化。因此，在英语文化教学中，教师可以通过母语文化和英语文化的明显比较，来让学生更加深刻地认识母语文化和英语文化。在跨文化交际中，学生也因此可提高文化敏感性，会更加重视文化对于交际的影响，从而减少甚至避免文化差异引起的交际冲突。打个简单的比方，问别人的行程和年龄在中国是很正常的，但是在西方人眼里是对隐私的侵犯。

在外研社版的《大学英语》第三册第四课 Darken Your Graying Hair, and Hide Your Fright 中，主人公这么介绍了自己："I have a

第六章　自主学习能力培养下的大学英语翻译与文化教学改革

wife, three daughters, a mortgaged home and a 1972 'Beetles' for which I paid cash."中国学生乍一看，主人公开着德国大众"甲壳虫"汽车，这在中国国情下不是很多人能够担负起的，因此就会认为这位主人公过得比较富裕。但是，读者要站在西方背景的角度去审视这个问题，西方国家的汽车就如同中国的自行车一样普遍，"甲壳虫"汽车空间小又省油，是中低收入家庭的首选车型。了解了这一点后，中国学生才发现自己的认识偏差，原来主人公的介绍是表示家庭成员较多，生活比较紧张。另外，在消费观念上，中国人比较保守，一般不会提前预支，并且还要对未来的生活支出做好准备；但是英美人倾向于提前消费的方式，如分期付款、抵押贷款等，这就是文化差异在消费观念上的体现。

2. 外教辅助策略

客观条件优越的学校可以适当地聘请一些外籍教师授课。外教的到来对英语文化教学具有以下几个作用。

（1）外教对学生的影响

外教不仅可以提升学生的英语学习兴趣，还能真正促进学生跨文化交际能力的提高。外教作为异域文化中的成员，比较能够引起一批学生的好奇心，这些学生在与外教接触和交流的过程中增强了对英语口语表达的信心，还能收获课堂上学不到的社会文化背景知识，能真正提高英语文化敏感度和英语交际能力。另外，学校可以定期利用外教组织英语角，这样就为学生创造了纯正地道的英语环境和文化环境，有利于学生英语听力和口语能力的提高，从而使得跨文化交际能力也有一定的进步。

（2）外教对教师的影响

在中国的大环境下，很多中国英语教师虽然出自英语专业，集各种英语等级考试证书于一身，但是由于口语的练习机会很少，英语口语表达能力依然比较欠缺。而外教来到学校以后，这些中国英语教师因为教学工作的关系，就获得了许多与外教直接交流的机会，外教可以帮助他们纠正语音上的错误，就使得中国教师锻炼了英语口语表达能力。另外，外教是在另外一种不同的文化氛围中成长和学习的，其教学模式可能更加有趣、生动，中国的英语教师汲取他们的教学模式中的优势，也有利于提高教学水平。

当中国教师的跨文化交际能力和英语教学水平提升以后，直接的受益者就是学生。中国教师的跨文化交际能力提升了，就能在和学生的交际中更有效地提升学生的跨文化交际能力。中国教师的英语教学水平提升了，在实施英语文化教学中就能取得更好的效果。

如果外教的学校教学工作让他们获得了良好的感受，外教往往会把国外的教育行业的朋友或者机构等介绍给学校，这样学校就可以通过夏令营、冬令营的形式和国外的教育行业进行互访、学习和交流，从而提高学生的跨文化交际能力。

3. 师生互动策略

教师要努力尝试通过和学生的互动来实施英语文化教学。教学的本质决定了教学不应该是单向行为，而是双向行为。因此，英语文化教学应该真正回归到教学的本质上来。互动法的完美落实需要教师做好一些功课。首先，教师要培养学生正确的文化心态，使学生平等看待一切文化。其次，教师要营造平等、自由和开放的互动氛围，鼓励倾听和表达，使得学生尽情发挥，畅所欲言。在互动过程中，教师和学生扮演不同文化中的角色，使学生理解外来文化。

4. 附加形式策略

以附加形式实施英语文化教学，就相当于一碟开胃菜，形式可以多样化。例如，在教材中设立文化专栏，在课外组织参观文化展览，举办英语文化主题讲座，或组织文化表演等。教师也可以将优秀的但是传播度不高的英语书籍介绍给学生，并以书中的文化知识为主题开展讨论、戏剧表演、知识竞赛等活动。这些活动都需要在教师的指导和监督下进行，以便真正实现英语文化教学的目的。以戏剧表演为例进行说明,微型剧包括 3～5 幕,每一幕包含一两个文化事件,学生在参与戏剧的过程中,可能会导致一些文化误读的现象,通过反思、调查之后,就能找出文化误读的根本原因,从而学习了文化知识。

（二）搭建优秀的传统文化交流平台

教师可以组织学生开展"我们的节日"等活动,对中国的传统节日文化进行丰富,使这些传统文化更富有生机。同时,加大宣传力度,如可以组织学生对学校的历史进行定期的学习,在学习校史的情况下发挥传统文化的作用与意义。

教师可以运用多种文化资源,如图书馆、博物馆、遗址等,培养学生的民族认同感,并结合学校的多重优势,举办讲座,提升学生对中国文化的理解与认知,增强他们的爱国情操。

教师可以组织富有中国文化内涵的社团活动,通过这些活动,使学生的校园生活更加丰富多彩,也能够让学生在不知不觉间感受传统文化的魅力。

（三）充分发挥新老媒体的传播作用

在新时代条件下,教师要引导学生运用网络,综合书籍、期刊、网站、电台等多种媒体,对宣传形式加以创新,使中国传统文化的传播与弘扬与时代发展的特点相符合,使中国优秀的传统文化更具有生命力。具体来说,可以采用如下几种方式。

（1）创设有内涵的中国传统文化网站。

（2）在校园网中创设传统文化项目,或者可以运用微信平台,这样将文化融入生活之中。

（3）充分运用学校资源,将学校的人文传统发挥出来,开设名家讲堂。

三、自主学习能力培养下大学英语文化的学习策略与技巧

英语文化知识的丰富与掌握仅依靠课堂教学是很难完成的,还需要学生积极开展自主学习。因此,学生应以课堂教学为基础,采用有效的学习策略积极进行自主学习。具体而言,学生可采用以下自主学习策略展开文化学习。

(一)利用媒体进行自主学习

随着互联网资源的兴盛,学生可以通过媒体进行文化自主学习。例如,通过电影、电视、网络等渠道了解不同国家的文化背景知识和风俗习惯。如今,电视、电影、网络等媒体上有大量关于西方普通人生活的材料,对于了解西方社会生活、风俗习惯和日常用语,不同地区、不同阶层的语言特色,以及姿态、表情、动作等非语言的交际手段都有很大帮助。

(二)参与文化讲座活动

文化讲座是由教师组织的,以班级为单位,以演讲为主要方式,由聘请的专家、学者对学生进行英美文化传授的方法。学生积极参与文化讲座活动,可以有效扩大视野,丰富文化知识。文化讲座的内容汇集专家、学者最新的研究成果和研究方法,以及教师本人的学习心得与体会,并对学生已知、未知、欲知的文化知识进行深入分析,因而学生据此可以获得许多宝贵的信息资源,对培养自己的文化意识和跨文化交际能力十分有利。

第七章 自主学习能力培养下的大学英语教师与教学评估改革

教师、教材、教学评估都是大学英语教学体系中不可或缺的组成部分,教师这一要素的作用是巨大的,其引导着学生学习的方向和趋势;教材为大学生的语言学习提供内容;教学评估则为教师了解大学生的学习进度提供了相对科学的指标。为此,本章就来研究自主学习能力培养下的大学英语教师与教学评估的改革。

第一节 大学英语教师自主的实现

尽管现在的教学倡导以学生为中心,但并没有否定教师的引导作用,在英语教学中,教师依然发挥着重要作用。英语教师的专业能力决定了其能否正确地引导学生进行语言学习,培养出具有世界格局的中国人且造福于民。可见,英语教师的专业能力发展对英语教学以及学生的发展都起着重要作用。

一、大学英语教师实现自主的前提:角色定位

(一)英语教师的传统角色

在传统的英语教学中,教师扮演了两种重要的角色:一是知识的复制者;二是知识的传授者。

1. 知识的复制者

在传统的英语教学中,教师的工作就是将知识原封不动地传授给学生,在传统的英语教师的眼中,书本知识就是金科玉律,教参就是真理,因此教师往往将书本知识视作教授学生的来源,并且根据书本来设计教案。对教师教学好坏进行评价主要看教师能否把书本知识传达到位、准确。显然,基于这样的观念,大多数教师从书本内容出发展开教学,教师很自然地就成了英语课本的复制者。

在传统的英语教学中,学校往往为教师配备了一整套教材、教参等,并且为教师设计了教材上要求的每一堂课的活动,甚至对教师说的话都进行了明确的规定。教师如同批量生产的工人一般,千篇一律地展开教学,将大纲内容复制给学生。但在新环境下,教学过程被看作师生互动的过程。就建构主义学派的观点来说,这一过程是师生对客观事物的意义加以构建的过程,并且是合作性的构建,并不是单纯地对客观知识加以传递。

在英语教学中,教材、教参等是重要的资源,师生需要对这些资源进行开发,尤其对教师来说,他们需要对这些资源加以分割与整合,之后通过与学生的互动,将固有内容转化成丰富的、可供学生理解与接受的知识。之所以将教材静态的知识转换成动态的资源,将课堂上单一的知识转变成生动的课堂,最终目的都在于帮助学生获得知识。就这一角度而言,学生固然是知识的构建者与参与者,而教师更应该将自己置身于开放的环境中,成为资源的积极构建者。也就是说,教师的角色应该发生改变。

2. 知识的传授者

传统的教育观依然在教师的心中存在,这与现代的信息环境有着较大差距。在信息技术环境下,很多教师的理念中仍旧存在"教书匠"的意识,他们侧重以书本作为经验与教学方式,采用灌输的手段进行教学。一些教师将学生看作被动接受知识的容器,认为教材是学生获取知识的对象,教师是将这些知识灌输给学生的人。显然,教师充当了一个"传话筒"的角色,学生是接收器,将教学简单地视作知识传递的过程。这种对知识过于重视而忽视具体能力的教学方法,势必会造成教学过程的重复、单一,也会制约教师的创新意识与研究精神,让教师的教学思想与观念更加保守、陈旧。

在新形势下,信息技术迅猛发展,教师在技术、知识上所具备的权威性受到极大的挑战。在新环境下,高校英语教师对于知识传授者的角色是否有新的理解?是否对教师新的角色进行重新定位?对教师自身的教学手段、角色观念是否感到不适?教师如何转变自我并适应这一环境?这些问题都说明,教师作为知识传授者的角色应该改变。

(二)英语教师的新角色

说到角色,一般人会觉得其与身份、地位有关,认为角色是对人们身份、地位的诠释。在当今社会,教师扮演着十分重要的角色,他们以各种方式调动与引导学生参与活动,并引导学生在自己设定的环境中展开探索。传统的英语教师所扮演的角色已经很难适应当今社会的需要。在这个多元化的社会,教育具有多样性,他们需要适应不同层次、不同族群人的需求。下面就具体分析英语教师角色的转变。

1. 知识与技能引导者

(1)语言知识的诠释者

英语教师是英语语言知识的诠释者,他们在开展课程教学之前,首先必须具备渊博的知识。简单来说,英语教师需要对英语专业知识有系统的、全面的把握,并能够从这些知识中分析出语言现象。一般来说,英语教师需要掌握的专业知识包括理论知识、语境知识、实践知识等,这些知识中囊括了语音、词汇、语法、语篇、文化等知识,英语教师只有掌握了这些知识,才能解决学生学习中遇到的实际问题,帮助学生提升自我,实现更好地语言输出。

(2)语言技能的传授者

当然除了英语知识,英语教师还需要掌握语言技能,并且将这些技能传授给学生。在学生学习语言的过程中,掌握语言知识是基本条件,而最终目的是为了提升自身的语言技能。一般来说,语言技能包含听、说、读、写、译五项。就语言的发展规律而言,听说居于重要地位,读写译其次,但就外语教育的角度而言,读写译居于重要地位,听说其次。这就说明高校英语课程教学的目标是让学生具备一定的读写译能力,而听说能力是实现读写译能力的前提与基础。高校英语教师要想能够提高教学质量,熟练地驾驭英语这门课程,就必须掌握这五项技能,并且保证五项技能的有机结合,从而提升学生的语言综合技能。

(3)课堂活动的组织者

无论是英语课程教学还是其他教学,课堂活动都是必不可少的一部分。在高校英语课程教学中,课堂教学是其重要的载体与媒介。英语教师要想提升自身的教学质量,必须要设计出合理的课堂活动,如辩论、对话、表演等,这些都是能够让学生参与其中的活动,让学生有真实的语言训练机会,提升自身的语言表达能力。在这之中,学生也会不断加深对英语语言知识与技能的印象,巩固自身的知识体系。

(4)教学方法的探求者

英语教师在英语教学中不能仅使用一种教学方法,应该承担起教学方法开发者与设计者的角色,创新教学方法,使教学课堂更加多样有趣。与其他学科相比,英语教学具有极强的实践性,因此其与教学方法的关系更为密切,甚至教师对语言知识的分析、学生语言技能的掌握、教师课堂活动的组织等都需要考虑相应的教学方法。

随着很多学者对英语教学进行深入的研究,探索出了很多教学方法,如语法—翻译法、交际法、任务法、情境法等,这些教学方法各有利有弊,高校英语教师需要考虑教学的实际情况以及学生

第七章 自主学习能力培养下的大学英语教师与教学评估改革

的实际水平,选择适合自己的教学方法组织教学,有时候甚至需要多种方法并用,从而传达出最佳的教学效果。

2. 多元文化驾驭者

(1) 多元文化环境的创设者

学校的文化环境会对学生的学习产生影响。作为一种社会化机构,学校的目标、功能、管理等都属于主流文化,如果教师不知道如何对学校的教学环境进行塑造,就很难在家庭—社区—学校之间构建一个平衡点,很难让学生予以适应。因此,教师要努力创建多元文化教育环境。具体来说,可以从如下几点着手。

首先,师生之间要构建信任关系。师生间的人际关系对学生的成绩产生重要影响,文化差异的存在、教师的偏见容易造成师生之间的隔阂与误解。如果师生之间存在这种隔阂与误解,就会对学生的自我观念产生负面影响,让学生受到挫折,甚至孤立无援。

其次,教师要努力构建一种积极的家庭式氛围。教师要为学生提供一个尊重与关怀的环境,让学生领略到家庭语言与文化。教师要对学生的文化背景有充分的了解,不断搜寻相关的信息,并将这些相关信息自然地融入教学之中。

总之,教师只有充当一名多元文化者,才能对学生所处的文化环境有清楚的了解,对学生的文化价值观有清楚的把握。同时,教师只有从多种角度对文化加以理解,才能为每一位学生创造合适的教学策略与内容。

(2) 中西文化差异的解释者

在多元文化背景下,英语教师充当了中西文化差异的解释者的角色。由于中西方文化传统不同,二者在价值观、思维模式上存在明显差异,而这些差异逐渐成为学生跨文化交际的障碍。

就社会文化角度而言,语言属于一种应用系统,具有独特的规范,是文化要素中的一项重要组成部分。因此,在英语教学中,英语教师除了要教授英语知识与技能,还需要囊括文化背景知识,实现英语知识、英语技能、文化背景知识三者的融合与补充。

就语言文化知识的内容而言,除了要教授本土文化知识,还需要讲授西方文化背景知识。中西方语言文化的差异性主要体现在风俗习惯、思维模式、价值观念等层面,而这些差异性在语言上有明显的呈现,无论是词汇中,还是篇章中,因此高校英语教师应该充当中西方语言文化的解释者这一角色,将中西方语言的差异性解释给学生,让学生在了解这些差异的基础上掌握好英语语言。

需要指出的是,教师在充当中西方语言文化的解释者这一角色的时候,对中西方文化要保持中立态度。文化没有优劣之分,因此高校英语教师在选取素材时,应该尽量选择那些不会对其他文化造成伤害的素材,避免引导学生对某些文化产生偏见,从而使学生对不同的文化有清楚的认识。

(3)本土文化知识的传授者

前面提到英语教师应该对西方文化背景知识有清楚的了解,除此之外,他们还应该对本土文化有清楚的了解与认识,甚至需要成为本土文化的专家,挖掘本土文化所蕴含的特色与思维形式。英语教师既是知识的引导者,也是文化的传承者,他们应该以一个真诚的面孔展现在学生面前,将本土文化知识融入自己的课堂之中,与学生展开平等的交流,从而为英语教学提供更为广阔的空间,同时构建和谐的师生关系。

教师要比其他人对本土文化知识有更敏锐的直觉,对本土文化知识的价值更注重保护与发展,并且懂得如何对学校所处社区的本土文化知识进行挖掘。在英语教学过程中,英语教师应该对学生在本土社会中获取的知识予以尊重,而不是一味地否定或者贬低。教师可以引导学生对本土文化知识与书本知识进行比较,培养学生将本土文化知识与书本知识紧密融合,从而创造出新的知识体系。

3. 网络技术应用者

(1)语言单元任务的设计者

要想实现单元主题目标,就必然需要对单元任务进行设计,这是英语教师的一项重要任务。学生通过教师设计的这些真实的任务，可以拓宽自己的语言知识面，还能够提升自身解决具体问题的能力。因此，在英语学习中，语言单元训练任务的设计是非常重要的。这要求教师应该在网上设计相应的单元任务，让学生在规定的时间内完成，最后提交完成任务的结果。通过这种方式，学生可以降低自身的压力，让他们愿意参与其中。

另外，通过网络，学生可以根据自身的实际情况选择教师设计的任务，遇到问题时也可以与教师或其他同学进行网上交流，最后呈现自己的作品或观点。显然，这种方式不仅锻炼了学生的英语语言水平，还有助于提升学生的兴趣和积极性，加强人与人之间的交往与合作。

（2）有效主题教学模式的设计者

在新形势下，英语教学要求教师不断探求新的教学模式与方法。具体来说，英语教师不仅需要发挥网络的优势，还需要提升学生学习的效率。对此，英语教师在设计主题教学模式时，应该选择学生感兴趣的话题，并且整个教学模式都围绕这一主题开展，以小组合作讨论的形式完成任务，最后提交讨论结果。

当然，由于处于网络环境下，英语教师设计的每一个主题应该能让学生在网络上找到丰富的资料，包含这一主题的文化背景与发展动态，然后由学生进行总结与归纳，进而学生在网上进行讨论，这样的设计模式实际上帮助学生摆脱了课本的限制。

另外，在设计有效主题教学模式时，英语教师要尽量链接一些有效网址，帮助学生接触更多的国内外文化知识。英语教师还可以下载一些前沿性的资料，以吸引学生，提升他们的求知欲。当然，对于一些敏感性的话题，英语教师要进行正确指导，避免学生出现文化偏见。

（3）学生网络学习的帮助者

在英语教学中，网络能够起到监控的作用。通过网络监控，英语教师可以对学生的学习过程有所了解与把握，从而帮助学生实现自己的学习需要。高校英语教师是学生进行网络学习的帮助者,尤其对于差生而言,英语教师更是发挥了不可磨灭的作用,他们通过记录学生浏览网页的情况,了解学生是否参与其中,从而清楚学生在学习中遇到的困难,之后帮助学生解决实际的问题。

另外,由于不同的学生遇到的困难不同,因此英语教师应该给予分别指导,促进不同层次学生各自的进步。显然,英语教师对学生网络学习的帮助更具有人情味,不仅有助于提升优等生的水平,还有助于避免差生的畏惧心理,帮助不同层次的学生解决不同的问题,真正帮助他们实现有效的自主学习。

(4)在线学习系统的建立者

网络为学生的英语学习提供了便利,而教师在这之中充当了调控学生学习、提供个别指导的作用,但在这之前,首先就需要建构一个完善的在线学习系统。在这一系统中,有教师与学生两个端口。学生通过填写自己的信息,向教师端提出申请,教师负责审核,使学生加入到这一系统中。

根据在线学习系统的导航提示,学生可以获取自身所需的资料,也可以下载下来。例如,某一在线学习系统可能包含"单元测试"与"家庭作业"两个项目,在"单元测试"中学生可以进行训练与测试,在"家庭作业"中学生可以提交自己的作业。之后,学生可以通过论坛、QQ等与教师进行讨论,实现网上交互。

二、大学英语教师实现自主的方法

在新形势下,英语教师的专业发展面临着专业意识欠缺、专业能力薄弱等问题。对此,教师应该展望世界,培育自身的专业意识,丰富自身的专业能力,大胆反思,从而成为适应当前社会需要的高素质教师。具体来说,主要从以下几个方面着手。

(一)提高专业意识

当前很多年轻的教师由于教学时间短、缺乏教学经验,也没有太多参与课题研究的机会,因此经过一段时间的教学工作后,

第七章 自主学习能力培养下的大学英语教师与教学评估改革

往往比较厌烦,这都是自我专业发展意识薄弱的表现。因此,在当前的时代背景下,大学英语教师应该不断提升自身的专业意识,具体而言可以从如下三点着手。

1. 理想意识

教师的理想对教师的专业发展起着十分重要的作用,为教师指明了前进的方向。大学英语教师的专业理想主要指的是他们对工作的热情。只有具备了热情,他们才能富有积极性,才能具有专业认同感,愿意在自己的工作中付出努力。

2. 科研意识

通过记录专业中的关键事件与自我专业发展保持对话,并对未来的发展规划做出适当的调整,教师在专业化发展的过程中必有大成。教师能否具有科研意识,决定了教师能否尽自己所能投入到科研活动中。也就是说,教师要想从事科研工作,就必须具备科研意识,他们要在思想上对科研有所重视,在理论上不断加强学习,获得科研的理论指导,在时间上还要不断提升自身的问题与思考意识等,这样才能真正地投入到科研活动中,并为大学英语教学研究贡献一份自己的力量。

(二)提升专业能力

1. 实行专业引领

当前,我国的英语教学在不断革新,先进的理念需要有骨干、研究者的带领,才能促进自身的专业发展。一般来说,教学专家、资深教师等都可以起到专业引领的作用。普通大学英语教师要向他们学习,接触先进的思想与经验,从而推动自身的专业化发展。一般来说,专业引领具有如下要求。

(1)要发挥专家与普通大学英语教师之间的能动性与积极性。不同的引领人员,所侧重的层面也必然不同。科研专家对教学理论非常注重,因此在其引领上更注重理论与实践的结合。骨干教师注重教学实践,因此在其引领上更注重具体操作。但是无论是哪一种引领,他们都需要较高的引领能力,既能够在理论上进行指导,还能够在具体操作中提供建议。对于普通的大学英语教师而言,他们应该配合专家与骨干教师,对他们给予的建议要认真听取,并择优采纳,从而分析与总结自身的教学问题,对自己的教学活动进行反思,提升自身的专业素质。

(2)英语教师要保证内容、目标等的正确,采用的方法要恰当。英语教师专业发展的总目标在于让他们能够对新知识、新信息予以把握,并且能够在这些新知识、新信息的基础上提升自身的专业素质。不同的英语教师存在着个体的差异,因此在专业发展、水平上也必然不同,因此在进行专业引领时,需要考虑不同教师的具体情况,对不同的教师制订与他们相符的方法,从而实现专业引领的合理性与有效性。

从上述分析可知,专业引领对于英语教师专业素质提升非常重要,具体而言可以从如下几个层面着眼。

首先,阐述教学理念。就很大程度上而言,英语教师的教学行为往往会受到教学理念的影响,因此在专业引领中,专家、骨干教师等应该尽可能引导普通的大学英语教师熟悉与掌握教学理念,可以采用讲座或者报告等形式。

其次,共同拟定教学方案。当普通的英语教师对先进的理念进行掌握之后,专家、骨干教师应该与普通的英语教师共同探讨先进的教学方案。在这一过程中,专家、骨干教师不仅是引领者,还需要对普通的英语教师的教学设计提出建议、给予指导,从而让普通英语教师的教学设计更为完善。在专家、骨干教师等的引领下,普通的英语教师能够顺利地制订出与教学理念相符的教学方案,并将这一方案付诸实践。

最后,指导教学实践尝试。当制订完教学方案之后,就需要将其付诸实践,从而对教学方案进行验证。在验证时,专家、骨干教师应该参与其中,对教师的教学行为进行记录,从而与具体的

第七章 自主学习能力培养下的大学英语教师与教学评估改革

方案进行对比,找出差距。在教师结束课堂之后,专家、骨干教师与普通的大学英语教师进行分析与探讨,对教学方案进行修订,从而使方案更完善、更切合实际。

2. 提高教师实施能力

英语教师的教学实施能力是教师专业素养的核心部分,是在教师专业知识的基础上促进教师专业理念、专业智慧生成的根基。开展英语教师教学实施能力训练,必须在扎实掌握英语教师专业知识的基础上,切实将所学的学科知识、教育理论转化为从师任教的行为方式。

(1)英语教师教学实施能力的基本认知

英语教师的教学实施能力,指英语教师为保证教学成功,达到预期目的,对整个教学活动进行计划、控制、检查、评价、反馈和调节的能力。这种能力包括以下三部分内容。

第一,英语教师对自己的教学活动的事先计划和安排。

第二,对教学活动进行有意识地监察、评价和反馈。

第三,对教学活动进行调节、校正和有意识地自我控制。

教学活动包括的内容和涉及的因素多种多样。因此,英语教师的教学实施能力也具有多方面的内容和多样化的表现。英语教师的教学若想走在新课程改革的前沿,则需要通过课堂实践,探索既符合新课程精神,又符合英语教师自身实际的教学方式,不断提高各方面的能力。

通过提升英语教师教学实施能力的专题实践研究,我们期望在学校的课堂教学中切实实现以下方面的转变:将知识传授为中心转向以学生发展为本;由过去"依教案教学"转向"以学定教";由过去只关注教学结果转向兼顾结果与过程,特别是关注学习过程中学生获得的自信、养成的科学态度和习惯以及培养出来的人文精神等,这比单纯追求拥有知识的多少更有价值。这样才能最终使广大英语教师基于新课程标准理念下的教学设计,在现实的课堂情境中尽可能高质量地达成课堂教学的目标:作为一项研究的专题,确立的研究目标如下。

其一,厘清影响英语教师教学实施能力提升的因素。英语教师教学实施能力的提升受到多方面因素的影响,通过实践研究与反思发现,影响英语教师教学实施能力的因素主要包括以下几个方面。

英语教师的教学基本功。英语教师的基本功,除了传统的板书、班级管理外,还包括对专业知识的理解,对课程标准和教材的整体把握,对英语教师心理的了解,沟通与合作的能力,搜集、整理、运用信息的能力,主动学习并积极反思的能力等。

英语教师的主观因素。通过调查问卷发现,英语教师的主观因素对教学的实施能力及效果也产生明显的影响。

英语教学的经验主义。近40%的英语教师选择"我心中有数,常常提前一天考虑第二天的工作"。关于课堂设问,超过1/3的英语教师选择"心里知道是哪几个问题,但谈不上精心"等。这表明在现实中,英语教师的思想相对滞后。不少英语教师习惯于运用传统教学模式,存在思想守旧、满足于现有的办法与成绩,改革创新意识不强,有畏难情绪,缺乏实施新课程的主动性等。英语教师工作负担过重,也是参与课改的积极性不高的重要原因。

其二,自觉反思的习惯。绝大多数的英语教师缺乏系统、深入的反思。超过一半的英语教师只在脑子里回顾一下或是在教案后稍作记录,多数英语教师会"和同事就某一方面展开讨论"。问卷还反映出多数英语教师"不知如何表述"反思或是苦于没人能指导,这也从侧面反映出培训不到位。虽然进行了大规模的培训,但无论是全员培训还是学科培训,基本属于通识培训。不少专家阐释的有关课改的理论材料,形式上的东西还较为明显。

其三,追求卓越的意识。问卷显示,绝大多数英语教师认为"态度决定高度,专业发展的高低跟自身的努力追求成正比";3/4的英语教师反映平时很注意"想出各种方法使自己的课生动有趣",并意识到对教育科研应积极了解、参与,对自己的专业发展

第七章　自主学习能力培养下的大学英语教师与教学评估改革

会有帮助；42%的英语教师将"提高自身素质"作为未来发展的第一需要，这显示了英语教师非常关注学科教学的"软实力"——关注自身的学科教学素养、学科的内在价值和学科教学的实施过程，这种内驱力与英语教师的专业发展紧密相伴且更易长久保持。

其四，情绪波动的情况。超过四成的英语教师承认"前一节课上得不愉快，会影响自己下一班级的教学"；并且，情绪产生的时间与进行教学的时间间隔越短，对教学的影响越大。这就向我们提出一个问题——课间的时间短暂，英语教师应如何调节自身的情绪，以达到最佳教学状态？也许我们可以通过系统的心理知识讲座、特聘心理专家专设网络信箱等为英语教师提供心理疏导，以提升英语教师自我心理调节能力。

其五，自身的沟通需求。调查显示，近四成的英语教师自认为"与受教育者的沟通能力一般"，两成多英语教师认为自己最擅长与受教育者进行"全班整体交流"，而这样的交流相对而言是缺乏个体针对性的，效果较差。当前教育强调"以人为本"，但更多的时候，人们停留在关注"共性"的"人"，而忽略了"个性"的"人"。

其六，职业的归属认同。调查显示，绝大多数英语教师认同教学这门职业，喜欢任教的学科，自己工作的热情自然就高。近七成的英语教师明确表示以学科为单位常态的教学研讨对于促进职业的认同感和提升自己的教学实施能力帮助很大。这说明教研组的建设是较成功的，得到了大多数英语教师的认可，成功地为英语教师营造了集体归属感；英语教师队伍的师德建设、职业成就感的培养也是成功的。

（2）提升英语教师教学实施能力的机制与保障

其一，制订教学能力自我提升计划。在英语教师教学能力提升培训的基础上，每个英语教师参照评课标准进行自我教学能力的测评，根据结果制订相应的教学能力自我提升计划。通过英语教师教学能力自我提升计划的实施，计划由学期到学年，可侧重每学期重点改进的一个方向，目标分阶段，力求合理化。这让每位英语教师自我的改进方向变得更明确、更具体、易操作、易测评,促使英语教师课堂教学水平明显改进和提高。

其二,以英语教师专业发展电子平台为载体,提升教学质量。英语教师专业发展电子平台建立后,要求全体英语教师定期上传自己的教案、案例、教学随笔和论文。电子平台如同档案室,也像阅览室,可以真正地交流,不限地点与时间,实现真正的便捷。在英语教师的成长历程中,电子平台上的教学设计、案例、课例、课件绝大多数是常态课,不像公开课那样遥不可及,具有极强的实效性、真实性。

以前被推广展示的都是公开课的教学设计与课件,但一堂公开课的工作量之大,是日常教学不可能保持的;台前幕后参与的方方面面之多,也是日常教学所做不到的,这就是为什么听讲座报告时心潮澎湃,但过后这份澎湃却因发现不实用或是自身没能内化而烟消云散;听公开课、优质课时,感觉非常好,因欣赏而照搬设计,却发现效果不能复制,因为我们没有看到被呈现的理论、理念的背后,没有机会感受过程,缺乏过程的支持,理解的深度与反思自然不足。在平台上我们可以看到同伴的日常教学,以及互动教研后改进的教学设计与反思,感受整个过程,这份真实、这一过程,对英语教师成长的帮助将更实在,更有效。可以说,电子平台建立之前,教研活动主要是针对公开课;建了电子平台,教研活动转向主要立足于常态课。这样的校本教研、校本培训才真正体现出"校本"的优势、特色及意义。

当然,互联网上也会有许多的案例、课件、教学设计,但由于教材不同(全国各地同一年级、同一学科,教材版本众多),英语教师背景不同,自然没有身边同事教师的东西来得亲切、实在、实用。另外,时常会发生这样一种情况:当我们在教育教学中遇到问题,尤其是课堂突发事件时,往往会第一时间在办公室里发出感叹,但这种感叹大多属于一种即时的情感宣泄,同事的回应大多是与我们的情绪相呼应的,希望能够给我们些安慰。

这时人们分析问题往往带有极强的主观性和情绪,强调客观

第七章　自主学习能力培养下的大学英语教师与教学评估改革

原因,归因分析表面化,不能平心静气地从学科知识思维方式、学习方法、学生的视角等方面客观地分析问题的本质,反思性地看待问题,更多的时候感叹过后一切归于平静,甚至被遗忘,问题并没有解决,不了了之。敬业的英语教师会把这些写成教学随笔,及时记录下自己的感想、反思、困惑、问题,以备一段时间以后再回顾、梳理,看看是否会有新的感悟或解决策略。但能够定期将自己的教学随感进行重温的英语教师并不多,而且自己的回顾毕竟依然局限于个人的思维。因为按中国人的文化习惯,常态课一般不会主动把教案、教学反思拿给别人看,请别人提意见。有了电子平台后,这一切都在悄然地发生着变化……

在以往的教学管理中,要求教师每节课后,至少每个章节教学后,必须完成书面的教学反思,以培养教师养成记录教学反思的习惯。现在如果大家能及时将自己的教学随感写在电子平台上,既可以完成资料的积淀,又便于梳理资料,同时还可避免局限于个人的思维。借助电子平台,同事可以随时浏览,他们瞬间的思维灵感可以与我们形成互动,课题或策略就在这种积淀、梳理、互动中生成了。或许当你在第一时间用语言宣泄时,同事们由于忙于自己的事情,或者由于当时的心境、情绪等,没有什么想法,而浏览电子平台时,由于心境、情绪的不同,思维状态自然也不同,就会有新的思维火花。

电子平台的又一优越性是持续的开放性。它让校本教研可以随时随地进行。也许初看时没有感觉,但当自己在工作中遇到困惑时,哪怕是无意中的浏览,也会引发共鸣,产生交流互动,这也是在平台上开展校本教研的价值所在。尤其是在本校内,因为学生、班级都很熟悉,某种意义上说可谓零距离接触,更易产生共鸣,更具现实意义,更易产生校本研修的课题。

这样一个多元、开放的载体,让教研活动形式更多样,范围更扩大,并可改变传统上教研活动多局限于本学科组内的弊端。平台上的各类信息向所有的英语教师开放,不同学科之间在教学方法上,对学生的分析上,对科研课题的筛选上,对教育问题的反思上都是相通的。平台上的对话、交流甚至碰撞,既可弥补按教研组划分办公室而造成的年级组英语教师间交流的缺乏,又可避免按年级组办公而造成的教研组交流的缺失。

其三,进行英语教师创新教育能力培养。英语教师创新教育能力的激励和培养涉及很多方面,大到社会环境、教育体制,小到学校管理、培训教育、物质条件和实践机会都是其中基本的因素,都对英语教师创新教育能力的形成与发展产生直接而重要的影响。学校环境是对英语教师创新能力的形成发展产生影响的多种因素,其中较为重要的有学校的校长、学校管理、教学的评估体系等。适宜、合理的学校环境是英语教师创造力顺利发展的必要条件。

其四,学校各层面执行政策不走样。学校各层面切不可搞"上有政策、下有对策",只有校级、中层、基层都很好地贯彻和执行政策——相关管理与评价制度,使政策不走样,才能提高英语教师课堂实施能力。

其五,多渠道培养英语教师的学习习惯,养成愿意学习的心态。平心而论,英语教师今天面对的诱惑与生活的琐事也远多于以前,我们的心"收"住了吗?我们还有苦读的精神吗?我们面对新理念、新教材、新教法这些我们赖以立身的新知识,我们在"自主学习"还是在"被动接受"?鉴于上述思考,高校应实行并完善一系列制度,促进教师在态度、习惯等方面正向发展。

第二节 大学英语自主学习能力评估的方法

一、教学评估理论基础解析

(一)教学评估的界定

评估在人们的社会活动中广泛存在。有人认为,"评估是确定课程能否达到既定目标的一种手段。"[1] 也有人认为,"评估是运用不同的渠道,对学生的相关资料加以收集,并将这些收集的资料与预定的标准相比较,进而做出判断与决策的过程。"[2] 还有人认为,"评估是对相关信息进行收集、综合、分析,从而用这些信息促进课程的发展,对课程的效度、参与者的态度进行评定。"[3]

但是,更多的人将评估等同于价值判断。就英语教与学来说,评估指的是学生能否达到某项能力,学生能够实现课程目标,教师的教学与学生的学习能否帮助学生实现既定目标的一种判断手段。

(二)教学评估的划分

由于评估的方式、内容等存在明显的差异,因此对评估的划分也有所不同,具体而言可以划分为如下几种。

1. 过程性评估与目标达成评估

所谓过程性评估,即在学习过程中,对学生的学习活动进行评估与判断,目的在于将学生的学习行为能否与学习目的相符解释出来,用于评判学生能否实现学习目标。评估的内容包含学习策略、阶段性成果、学习方式等。

目标达成评估既可以对课堂教学目标达成情况的评估,也可以是对单元学习目标达成情况的评估,还可以是对学期教与学目标达成情况的评估,其包含理解类、知识类与应用类三种目标达成评估方式。理解类目标评估方式表现为解释与转化,往往会采用阅读理解、听力理解等方式,或对阅读文本、听力文本进行选择与匹配等。知识类目标评估方式主要表现为对知识掌握情况的评估,并采用再次确认的方式,一般选择填空都属于这类评估方

---

[1] B. Tuckman. *Evaluating Instructional Programs*[M]. Boston: Allyn & Bason Inc., 1979: 1.
[2] K. Montgomery. *Authentic Assessment: A Guide for Elementary Teachers*[M]. Beijing: China Light Industry Press, 2004: 8.
[3] 李雁冰.课程评价论[M].上海:上海教育出版社,2002: 113.

式。应用类目标评估方式即采用输出表达的方法,要求学生根据阅读与听力材料,进行转述或表达。

2. 表现性评估与真实性评估

所谓表现性评估,是指让学生通过完成某一项或者某几项任务,将自身所掌握的知识与技能表现出来,从而对其获得的成就进行评估。[1]简单来说,表现性评估就是通过对学生完成任务的表现情况及获得的成就进行的评估。表现性评估属于一种发展性评估,其核心在于通过学生完成现实的任务,将自身所掌握的知识与技能展现出来,从而促进自身学习的进一步发展。一般来说,表现性评估具有如下几点特征。

（1）属于教学过程的一部分,其要与课程教学相互整合。

（2）关注的是学生知识与技能的发展,而不是对知识与技能的再次确认与回忆。

（3）一般情境都是真实的,往往需要学生将现实学习中遇到的问题进行解决。

（4）学生需要完成的任务一般较为复杂,往往需要学生将多个学科的知识与技能相融合。

（5）对学生的发散性思维是非常鼓励的,也允许不同的学生给出不同的答案。

（6）是形成性评估与终结性评估的结合。

综合来说,表现性评估有助于对学生的学习过程与学习结果展开更真实、更直接的评估,能够将学生的文字、口头等表达能力以及想象力、应变能力等很好地展示出来,因此对于英语教学是非常适用的。

所谓真实性评估,是指基于真实的语境,对学生的表现进行评估,是一种要求学生完成真实任务之后,对自身所学知识与技能的掌握与运用情况进行的评估。与表现性评估相比,真实性评

---

[1] 魏亚琴.新课程下学生评价方式的变革——浅谈表现性评价[J].辽宁教育行政学院学报,2004,（110）: 63-64.

估更加强调真实,即任务的真实,一般来说其任务都是人们现实生活中遇到的问题。

真实性评估也具有表现性评估的那些特征,是表现性评估的一大目标。由于真实性评估要求评估成为教学过程的一个重要组成部分,因此真实性评估也具有形成性评估的特征。同时,真实性评估又注重任务的整体性与情境性,对终结性测试有很大的影响,因此真实性评估又具有了终结性评估的特征。可以说,真实性评估融合了多种评估手段,是多种有效评估手段的结合。

3. 形成性评估与终结性评估

所谓形成性评估,即在教与学的过程中,通过对信息进行收集与整合,进而促进教与学的发展。简单来说,形成性评估即在教学过程中,教师与学生获得反馈信息,对教与学加以改进,让学生真正地掌握知识的系统评估手段。一般来说,形成性评估具有如下几个特点。

(1)往往作为教与学的一部分而在教与学过程中呈现。

(2)不是将等级划分作为目标,而主要将指导、诊断、促进等作为目标。

(3)学生往往充当主体的角色参与其中。

(4)评估的依据是在各个情境下学生的表现。

(5)通过有效的反馈,教师确定学生的水平是否达到预期。

所谓终结性评估,是一种对教师的教学与学生的学习结果的评估,是在教学结束之后,对教与学目标实现程度所进行的评估。[1] 因此,其又可以称为"总结性评估"。从定义中可以看出,终结性评估往往出现在教与学结束之后,用于对目标达成情况进行的评估。因此,这一评估方式有时可以等同于目标达成评估。

---

[1] 鲁子问,王笃勤.新编英语教学论[M].武汉:华中师范大学出版社,2006:215.

(三)英语教学评估的原则

在英语教学评估中,需要坚持一定的原则,这样对于评估的实践有更好的指导意义。以这些评估原则为基准,教师才能更好地制订出与学生实际情况相符合的评估手段与方法。

1. 主体性原则

所谓主体性原则,即英语教学评估主体需要考虑教学价值主体本身——学生的需求,对教学价值客体进行评估。

在学习中,学生处于主体地位,但是传统的英语教学评估仅将教师作为核心地位,认为教师充当的是教育主体的地位,是知识的灌输者,而学生仅是知识的被动接受者,这样导致教学评估主要是针对教师来说的,评估的内容也主要是教师的教学情况。表 7-1 是一个对教师评估的典型体现。

表 7-1 教师课堂教学评估表

项目	内容	权重	得分
教学目标	(1)是否体现明确的教学目标、教学大纲、教材的特点,是否与教学实际相符 (2)是否落实了教学知识点,是否培养了学生的能力 (3)是否将德育教育寓于知识教育之中	15	
教学内容	(1)教材的处理是否恰当,是否突出了重难点,是否突破了重难点 (2)教学组织是否有清楚的条理,是否简明扼要,是否准确严密,是否难度适中 (3)教学训练是否定向,是否有广度,是否保证强度适中	25	
教学方法	(1)教学的设计是否得当,是否体现了教学改革的精神,是否处理好主导与主体之间的关系问题 (2)教学是否有合理的结构,是否做到教学方法的灵活性,是否将各个环节分配恰当 (3)教学是否有开阔的思路,是否采用现代化的教学手段,是否能够将学生的学习兴趣激发出来 (4)教学是否注重学习方法与学习习惯的指导	25	

第七章 自主学习能力培养下的大学英语教师与教学评估改革

续表

项目	内容	权重	得分
教学基本功	（1）教学中是否运用了清晰、生动、规范的语言 （2）教学中是否保证书写的清晰与特色鲜明 （3）教学中是否有自如的神态，保证大方得体	15	
教学效果	（1）教学中是否保证热烈的气氛，是否给学生留下了深刻的印象 （2）教学中是否能够面向全体同学，是否完成了教学任务，是否实现了良好的教学效果	20	
综合评估		总分：	等级：

（资料来源：任美琴，2012）

显然，从表7-1中可知这类评估主要是评估学生能否接受教师传授的知识以及接受的程度；评估学生的学习情况来对教师的教学内容与教学方法的合适程度进行审查；评估教师的学习策略是否得当等。简单来说，这种教学评估是为教师服务的，并没有展现出学生的主体地位。

当前的教学强调有效教学，即发挥学生的认知主体地位，因此教学评估的对象需要从以教师为主导转向以学生为主体，对学生学习情况的评估内容与手段应该从单一转向多元，如对学生学习动机、学习兴趣等都可以进行评估。基于此，教学评估的对象才能转向学生，当然这里并不是说不对教师进行评估，只是说以学生的评估为着眼点，为学生创造更多适合学生学习的环境，对教师的评定标准也是考虑学生来制订的。因此，主体性原则要求将学生作为评估主体，即评估活动以学生的发展作为目标，评估设计要有助于学生的多元化、个性化发展，发挥学生的主观能动作用，帮助学生形成积极的态度，同时不能损害学生的自尊心，要对学生予以爱护与尊重。

2. 过程性原则

英语教学评估应该坚持过程性原则，这主要体现为两点。
其一，要全程性，即评估要在学生学习的全过程得以贯穿。
其二，要动态性，即对发展过程加以鉴定、诊断、调控等，对整个过程的发展方向加以把握。

英语教学评估对于过程评估非常关注,正是这一点,有助于提升学生的学习兴趣,增强学生英语学习的动机与主动性,从而有助于他们的自主学习。

3. 多样化原则

英语教学评估应该坚持多样化原则,这主要体现为三大层面。

其一,评估主体要多样化,即不仅涉及教师,还涉及家长、学生等,通过宽松、开放的评估氛围,对教师、家长、学生的参与予以鼓励。

其二,评估形式要多样化,即对学习过程予以关注,要从不同的内容与对象出发,考虑采用自评、互评等评估方式的多元化。

其三,评估手段要多样化,即可以是教师观察,可以是学生量表等,教师从不同学生的学习差异与策略出发,采用恰当的评估手段,选择适合他们自己的评估方式,从而彰显学生自身的优势,让每一位学生都可以体会到成功的喜悦。

4. 实效性原则

英语教学评估强调实效性,即主要是从教育的现实意义与评估行为等层面考量的,其要求在具体的评估实践中,能够将评估的实用价值体现出来。

英语教学评估的实效性原则体现在评估方式上是非常方便的,即不要使用烦琐的程序,但是要保证评估的时机与质量,因此在设计评估内容与方式时,不能与英语教学的目标相脱离,要非常关注评估之后产生的实际效果。

5. 发展性原则

英语教学评估应该为学生的发展服务,注重学生信心的树立,发现学生发展过程中所出现的问题,通过反馈对这些问题进行解决,促进他们更好地向前发展。对于发展性原则,一般包含如下几点。

其一,发展性原则要求英语教学评估应该从学生主体出发,将学生的需求作为出发点与落脚点。

其二,发展性原则要求英语教学评估的目的是促进学生的发展,即只要是对学生发展有利的层面,任何手段与技术都可以运用其中。

其三,发展性原则要求英语教学评估对每一位学生的个性特点与原有基础有所把握与关注,从而为每一位学生获得最佳的发展而做出努力。

通过评估,教师才能更好地引导学生对学生的原有基础、认知水平等进行鉴定,认识自己在发展过程中的不足,从而有针对性地进行改进与调整,对自己的学习过程进行优化,使学生获得最佳的发展。除此之外,发展性原则还要求教师对学生的态度、情感等进行关注,以帮助学生形成正确的价值观。

二、大学生自主学习能力评估的具体方法

自我评估(self-assessment)这一概念源自以学生为中心的理念,这一评估手段为学生提供了学习成果的反馈,因此,是自主学习不可或缺的一项重要方式。

所谓自我评估,是指学生参与到自身学习过程的评估与判断之中,尤其是对学习成果与成就的评估与判断。

自我评估要求学生应该对自己的学习策略、学习成果等进行定期的回顾,对自己的学习进度进行检测。根据信息反馈的结果,学生要对下一阶段的学习进行调整。

当学生知道自身的学习目标与当前情况的差距后,他们会更加努力,调整自己的学习进度、学习方式,使自己的学习更加有效,也会使自己变得更加自律。

自我评估的运用并不仅仅出现在自主学习中。

著名学者亨利·霍莱克(Henry Holec,1980)指出,自我评

估在语言学习中非常重要,在整个评估过程中占有一席之地。自我评估在整个日常的英语学习活动中都有所体现。在教学中,教师与学生扮演着不同的角色,并通过这些不同的角色承担着对语言学习任务进行评估的责任。学生自主决定评估的时间、内容、方法等,并根据评估结果,对自己目前的学习情况做出调整。而教师应该侧重于学生独立学习意识的培养,并为学生的自我评估提供帮助,给予学生心理上的辅助。

学者奥斯卡松(Oscarson,2002)对自我评估的优点进行了详细的罗列。[1]

(1)有助于促进学生的学习。

(2)有助于提升学生的自我意识。

(3)有助于扩大评估的范畴。

(4)有助于让学生对自己的学习目的有清楚的把握。

(5)有助于减轻教师的教学负担。

(6)有助于学生课后的自我学习。

阿法里(AlFally,2004)认为,这种学生自评或学生互评的方式,使得学习气氛更加活跃,使得学习环境更加具有挑战性,也使得课堂更加以学生为中心。[2]

哈里斯(Harris,1997)指出,自我评估不仅有助于调动学生的兴趣与积极性,还有助于他们对自己的学习任务加以把握,从而了解自身的优势,对自己的学习进行恰当的思考,争取在以后的学习中取得更好的成绩。

近些年,随着自主学习与学习性评估的呼声越来越高,学生的自我评估备受关注。很多研究者对其进行研究并提出了一些具体的方法。下面就来介绍几种常见的方法。

---

[1] 转引自刘建达.学生英文写作能力的自我评估[J].现代外语,2002,(3):241-249.
[2] AlFally,I.The role of some selected psychological and personality traits of the rater in the accuracy of self-and peer assessment [J].*System*, 2004, (3): 407-425.

第七章　自主学习能力培养下的大学英语教师与教学评估改革

(一)学习档案评估

学习档案评估法是当前应用较为广泛的评估方法。所谓学习档案评估法,是指对学生个体的各种信息进行收集。一般来说,其收集的内容具有多样性与动态性。

学习档案积累的材料代表的不仅仅是结果,而是学习过程与学习活动,其包含选择学习内容、比较学习过程、进行目标设置等。[1]学习档案评估可以有效提高学生的自主学习能力,下面从内容、流程等层面进行分析。[2]

1. 学习档案的内容

(1)自主设置目标

自主设置目标可以引导学生更为积极主动。目标是由学生自己设置的,这对于他们开展自主学习非常有利。[3]

目标设置是否具体,会对学生的学习动机产生影响。根据研究发现,设置近期学习目标的学生要比设置远期学习目标的学生的自主学习动机更为强烈。这是因为,近期的学习目标一旦设定,会更加明显地体现为学生某些层面的进步,为学生下一步的学习指明具体的方向,同时也更容易让学生根据目标,检测自己的学习活动与学习过程。当然,设置的近期目标也不能太低,否则会影响学生的进步。

(2)自我评估报告

自我评估报告是学习档案的一项重要组成部分。自我评估的对象可以是学生学习行为的进展情况,也可以是学习行为的总体表现,或者是学习阶段的总结,这些都是自我评估的内容。学

---

[1] 罗少茜.英语课堂教学形成性评估研究[M].北京:外语教学与研究出版社,2003:38.
[2] 刘梦雪.通过自我评估训练促进自主式英语学习的实证研究[J].疯狂英语(教师版),2009,(4):54-57.
[3] 庞维国.自主学习——学与教的原理和策略[M].上海:华东师范大学出版社,2003:55.

生学习档案的这一功能有助于促进自我反思,从而有助于学生进行自我评估。帮助教师对学生进行了解,这是传统评估方式无法做到的。例如,学生在分析自己阶段性学习情况时,撰写自我评估报告可以参照如下几个问题。①

第一,近期英语水平是否有所提高?体现在哪些方面?

第二,在自主学习过程中,遇到的主要困难是什么?如何克服的?

第三,在下阶段的学习中,将会面临哪些挑战?如何迎接?

在进行自我评估的过程中,学生可以评估自己某一方面的表现或者某一项任务的表现。教师在学生自我评估的过程中,可以为其提供一些评估标准。学生参与各项语言任务评估的过程也是一个学习的过程,学生可以参考一定的评估标准,对自己的语言任务与具体表现展开评估,然后通过反思,提升自身的语言技能。

(3)学习相关因素自我评估

自我评估除了对学习过程中知识技能掌握情况进行评估,还可以对学习过程中的情感因素展开评估,如学习态度、学习动机、学习风格等。这些方面的自我评估可以采取问卷形式,在教师的指导下,学生填写相应的问卷调查,积极主动地了解自身学习过程中的相关因素,对自己的学习策略展开调整,从而提升自身的学习动机与学习意识。

除上述内容外,学习档案中还可以包含如下内容。

其一,每周学生需要的英语资料。

其二,语法知识资料。

其三,教师测试的成绩记录。

其四,其他学习记录或者个人自主学习资料。

2. 学习档案的流程

在档案建立之前,教师可以组织家长与学生阅读学习大纲,

---

① 刘梦雪.通过自我评估训练促进自主式英语学习的实证研究[J].疯狂英语(教师版),2009,(8):5.

第七章 自主学习能力培养下的大学英语教师与教学评估改革

理解档案构建的必要性，并对如何构建、使用进行指导，为以后有效地使用档案袋做准备。一般来说，构建的流程如图7-1所示。

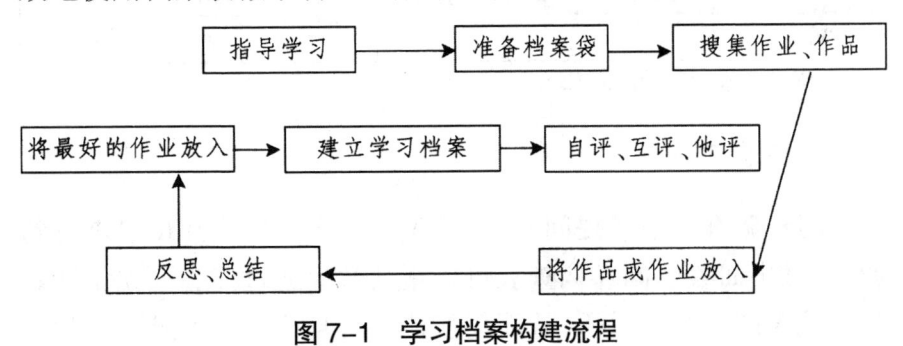

指导学习 → 准备档案袋 → 搜集作业、作品 → 自评、互评、他评 → 建立学习档案 → 将最好的作业放入 → 反思、总结 → 将作品或作业放入

图7-1 学习档案构建流程

（资料来源：任美琴，2012）

（二）自我评估表

自我评估表（self-evaluation questionnaire）的设计可以采用量规（rubric）方式，也可以采用问卷调查表的形式。

1. 量规

量规是一种结构化的定量评估标准，往往是从与评估目标相关的多个方面详细规定评级指标，具有操作性好、准确性高的特点。

在评估学生的学习时，运用量规可以有效降低评估的主观随意性，可以教师评，也可以让学生自评或同伴互评。如果事先公布量规，还可以对学生学习起到导向作用。此外，让学生学习自己制定量规也是很重要的一个评估方法，如表7-2所示。

表7-2 量规

What do you think of your English learning? Name: Date: Unit:	Excellent	Good	Fair	Needs improving
Listening				
Speaking				

· 173 ·

续表

Reading				
Writing				

(资料来源:任美琴,2012)

2. 问卷调查

问卷调查是通过提问题,让学生通过自己的实际情况进行判断,并做出回答。问卷调查表可以帮助学生通过回答预先设计好的问题来产生某种感悟,从而促使他们对自己的学习过程和学习结果进行重新审视和修改,提高他们的自主学习能力。

第八章 自主学习能力培养下的大学英语教学手段的新发展

在新的时代发展背景下,教师想要充分培养大学生的自主学习能力,需要不断革新教学手段,结合新的信息技术和教学理念,利用分级教学、个性化教学、翻转课堂教学模式、微课教学模式、慕课教学模式、混合式教学模式等展开教学,让学生最大限度地掌握英语知识,养成自主学习的好习惯。本章就针对这部分内容展开研究。

第一节 开展分级教学

分级教学也称为"分组教学""分班教学"或"分层教学"。国外的分层教学诞生于1868年,包括班内分层和走班式分层两种形式,前者是指在一个班级范围内对不同能力的学生进行不同的教学,后者是指根据知识水平、兴趣等将学生分到不同的班级,表现为"不变的教室、变化的学生"。分级教学就是根据学生不同的认知水平、性格、兴趣、志向等,进行不同层次的教学,给予不同的教学评估,使每个学生都能最大限度地完成学习目标。大学英语分级教学根据学生不同的英语水平,制订不同的英语学习方案,从而满足了不同层次的学生的英语学习需求。

一、分级教学模式的发展

(一)国内分级教学模式的发展

我国分级教学的雏形最早出现在古代。孔子首次强调,教育要尊重学生的个体差异,这样才能提高学习质量。20世纪初,现代分级教育理念进入我国,我国对此也进行了许多试验,这些试验后因战争以及国内政治形势等原因暂停。改革开放后,分级教学回归人们的视野。一直以来,教育界一直在寻找先进的英语教学法,然而没有哪一种教学方法是放之四海而皆准的。因此,分级教学模式的提出就有着重要的理论和现实意义。

大学英语分级教学的理论依据包括国内的教育思想以及国外的教育理论,国内比较典型的理论依据是孔子提出的"因材施教"理念,国外的理论依据是认知迁移理论、建构主义理论、掌握学习理论、人本主义理论、需要层次理论、多元智能理论以及二语习得理论等。

就分级的层次而言,大部分高等学校将级别分为三个层次,级别的名称不一,有的称为A、B、C班,有的称为快、中、慢班,有的称为初级、中级、高级班等。

(二)国外分级教学模式的发展

在西方,分级教学也称为"分层教学",源于1868年美国教育家哈利斯(Harris,W.T.)在圣路易州创立的"活动分团制",又称"弹性进度制"。最初的分级教学将能力作为分班的标准,首先在美国和德国流行,后来传播到世界各国。[①]二战时期,分级教学暂时衰落。二战后,世界各国尤其美国倡导"优质教育",重新重视分级教学,研制出了一些新的分级教学形式,如"不分级制""分科选修制"以及现今世界各国仍在普遍采用的分级教学形式——

---

① 黄艳新.英语分级教学在高职中的应用研究[D].上海:上海师范大学,2016:29.

第八章　自主学习能力培养下的大学英语教学手段的新发展

"学科分层"等。分级教学大致经历了以下四个阶段。

1. 起步阶段

从19世纪50年代至20世纪30年代初,正是资本主义义务教育盛行的时期,学生的水平参差不齐。美国和德国开始重视"弹性进度制"和能力分班(组)分级教学形式。1920年左右,美国掀起了一场进步主义教育运动,要求重视学生的个性差异,使得个别化分级教学形式得以产生,较有影响的是文纳特卡制、道尔顿制。文纳特卡制、道尔顿制的共性在于倡导自主学习。二者的差异性主要体现在具体操作上:文纳特卡制将课程分成两部分:一部分通过个别教学按学科进行,如读、写、算和历史、地理等,另一部分通过团体活动进行,如艺术、运动等;道尔顿制则将每一学科的全部学习内容,分月安排,然后学生按照自己的兴趣自由支配时间进行学习,完全是一种"个人独进"的教学方式。

2. 衰落阶段

从20世纪30年代中后期至二战期间,由于世界经济危机以及二战的爆发,各国无暇顾及教育。文纳特卡制和道尔顿制由于走向极端,彻底否定了课堂教学和教师的价值,因此以失败告终。美国尝试的一些特殊班或特殊学校也归于失败。

3. 复苏阶段

从二战后至20世纪50年代中后期,各国大力发展科技和经济,因此也开始酝酿新的分级教学实验。尤其是美国,对分级教学极为重视,极力批判"平庸"而追求"优异"。

4. 繁荣阶段

20世纪六七十年代以来,各种教育理论纷纷出现,进一步促进了分级教学的盛行。美国经过几个阶段的探索和研究后,涌现了一批有国际影响的个别化分级教学理论与模式。"掌握学习"

这种分级教学模式是目前美国中小学里最常用的一种分级教学方法之一。受美国影响,英、法、德、韩、澳等国家在分级教学实践上也呈现繁荣与多样化态势。

二、分级教学模式的构建

(一)A级班教学模式

A级班的学生具有较高的英语水平,掌握了一定的英语学习方法,学习能力较强,能顺利地和教师进行英语交流。基于A级班学生的这一特点,教师应该将大一的两个学期定位为基础入门阶段,旨在引导学生形成良好的英语学习习惯,将大二的两个学期定位为拓展深化阶段,致力于提高学生的英语综合应用能力。具体来讲,在大一第一学期英语课开展课前演讲活动,侧重于口语训练,充分调动学生的英语学习兴趣,使得学生慢慢形成英语思维。在大一第二学期,教学重点是提高学生的阅读理解力和听力能力,扩大词汇量,培养学生的自主学习能力。大二第一学期以英语语言的输出为主,教学重点在于培养学生的语言交际能力和综合运用能力,要为学生提供更多的口语表达机会。

(二)B级班教学模式

学生主要集中在B级班,所以B级班通常是大班授课。B级班学生的英语水平一般,对英语学习方法有一些浅显的认识,学习效率和学习兴趣有待提高,理解能力也一般。基于B级班的这一特点,开展教学仍然依托于教材,遵循循序渐进的教学原则,注重以学习小组为单位的合作学习,将课内知识与课外知识、应试技巧与素质技能有效结合起来。

(三)C级班教学模式

C级班学生的英语功底较为薄弱,理解能力不足,学习兴趣

第八章 自主学习能力培养下的大学英语教学手段的新发展

和学习效率低,听力和口语水平低,词汇量少,对英语学习缺少自信。鉴于此,C 级班教学仍然需要由浅到深进行,保持每个学期之间的连贯,将巩固高中英语基础知识与提高大学英语学习能力有效结合,注重师生之间的感情交流以及师生之间友好关系的建立,调动学生学习英语的积极性。俗话说"冰冻三尺非一日之寒",教师必须从学生的英语基拙抓起,要有耐心。

第二节 实施个性化教学

一、大学英语个性化教学的内涵

大学英语个性化教学就是基于学生不同的英语水平和个性,提高学生学习英语的积极性,培养学生独立思考和学习的能力,提高学生的英语交际能力。在大学英语个性化教学中,教师需要尊重每一位学生的价值,使学生最大限度地发挥自己的潜力,让学生能够顺利地用英语进行交流。大学英语是必修课程,修大学英语课程的学生来自各个专业,这就给大学英语教师把握学生的整体英语水平带来了障碍。因此,大学英语教师需要掌握一定的教育理论和方法。英语教学是一种语言文化的素质教育,与其他教学有着不同的特征。大学英语个性化教学大致具有以下四种特征。

（一）差异性

不同学生本身就存在很大的差异,教师不能忽视这些差异,而要根据不同学生的特点施教,要尽可能地使学生发挥内在的潜力,使教学形成差异,这就是个性化教学。个性化教学应该是理解差异、形成差异和解决差异的教学。大学英语个性化教学的差异性主要表现为以下三个方面。

（1）教学的对象具有差异性。每个学生具有不同的英语基础，抱有不同的英语学习期望，因此每个学生的最近发展区不同。由于大学英语的教学对象是来自各个不同专业的学生，学生的专业特性和所接触的英语知识都是不一样的。

（2）教师的教学风格具有差异性。教师基于不同的生活经历、教育背景而形成了各自不同的教学风格。教学风格是个性化教学得以实现的基础。

（3）师生的人格平等。师生在人格上的平等，是学生发展独立人格的基础，也是教师开展教学活动的根本性前提。师生的人格平等还体现在教师充分尊重学生的个性差异，让每个学生都能得到应有的个性发展。

（二）多样性

大学英语个性化教学的多样性主要体现在以下两个方面。

（1）教和学的多样性。既然大学英语个性化教学尊重每个学生的个体差异，那么大学英语教学就不能仅仅遵循某一种教学模式，不能仅仅使用某一种教学方法、测试方式，不能仅仅追求一种规范的教学大纲，而应该按照不同学生的不同需求进行多样化设计。

（2）英语技能的多样性。大学英语教学不仅要求学生获得一定的英语知识，更要培养大学生的跨文化交际能力，如听、说、读、写、译等方面的能力。值得强调的是，每个大学生在每一种能力的发展程度上是不均等的，而是在特长方面具有不同的侧重点。

（三）针对性

在大学英语个性化教学中，教师需要根据学生的个性化需求进行针对性的指导和帮助，这不仅反映了大学英语教学在满足学生个性化需求方面的基本事实，而且能更好地发挥这部分学生的个性特长，也能整体提高教学质量。具体来讲，大学英语教师应该善于通过教学诊断发现学生的个性化需求，在备课和上课时充

第八章　自主学习能力培养下的大学英语教学手段的新发展

分发挥教学机智,从而进行有针对性的教学。大学英语个性化教学的针对性具体包括以下几个方面的内涵。

（1）大学英语个性化教学的针对性源于受教育者的差异性。学生具有不同的学习起点、智力水平和需求。大学英语个性化教学的针对性是指教学目标、内容、手段等都要符合学生的需求,能够深入学生的内心。

（2）大学英语个性化教学的针对性否定一刀切原则。教师要根据学生的能力、个性、文化背景选择适合的教学内容、教学方法和评估方式,把学生和教学活动进行细致的划分。

（3）大学英语个性化教学的针对性还要求教师根据不同学习风格学生的特点进行施教。学生的生理因素、情感和社会环境都会影响着学习风格。学生不同的学习风格体现在学生对信息的采集和加工上。教师要根据不同学生的不同学习风格制订个性化的教学方案,以提高学生的学习效率。另外,教师还需要协助学生剖析自身的风格特征,引导他们利用自己的特长来开拓学习方式,补充以往的风格存在的缺陷。

（4）大学英语个性化教学的针对性不是传统意义上的因材施教。因材施教面向的是个体学生,大学英语个性化教学的针对性面向的是全体学生,既关注个体学生的差异性,又指向全体学生的不同需求。

二、大学英语个性化教学的系统设计

（一）大学英语个性化教学的目标设计

教学目标是教学主体事先计划的所要达到的教学结果。教学目标是教师和学生共同的目标。大学英语教学的主要目标就是提高学生的英语综合应用能力,使其在社会中利用英语顺利地交流,并让学生具备一定的文化视野。随着高等教育从精英化走向大众化,高等教育的理念、功能、目标和模式都会发生变化。多

样化发展是高等教育大众化的内在要求。大学英语教学的目标取决于不同职业对英语运用能力的要求和不同专业学生对英语的需求。大学英语个性化教学既是大学英语教学的必然方向,也是时代发展的要求。个性化在英语教学目标体系中体现了分类培养目标的设计过程。

（二）大学英语个性化教学的方法设计

个性化的教学方法要注重实现以往传授为主的教学向以指导为主的教学转变,注重学生在职业和生活中英语综合应用能力的培养。教学方法要灵活多样,适应不同学生的个体差异。

1. 情境教学法

情境教学法要求教师从学生的特点、教学内容出发,将具体情境融入教学,以帮助学生更好地发现与解决问题。情境教学法主要分为三个步骤,如表8-1所示。

表8-1 情境教学法的具体实施步骤

主要步骤	目的	要点
情境创设	将问题加以呈现	教师通过运用多种媒体与手段,对特定情境加以创设,向学生提出问题
语言训练	对问题进行分析与准备	通过图片、动画等,教师将问题所需要的语言知识呈现出来,并设计与特定情境相关的语言训练,为学生完成学习目标做准备
情境运用	对问题加以解决	教师重新呈现开始的情境,而学生在具体的情境中运用语言,对问题加以解决;教师对学生的表现予以观察,并给予评价

（资料来源:陈冬花,2015）

如何创设与运用情境,也是决定教师的情境教学法运用能否成功的关键。

首先,紧扣教学目标,创设情境。情境创设是教师将教学目标加以外化,形成一个学生能够接受的情境。但是,很多教师在创设情境时,往往忽视了其基本的教学目标,导致教学中很多情境与教学目标无关,让学生对教学目标难以把握,因此教师在创

第八章　自主学习能力培养下的大学英语教学手段的新发展

设情境的时候,必须对教材进行认真研究,理解每一单元教学的重难点,然后紧扣教学目标,创设情境。简单来说,创设的情境要与教材的特点相符,凸显重难点。

其次,建立情境之间的联系。教师设计的情境要能够在大学英语教学中自由伸缩,即随着教学活动的展开,情境之间必然是需要具有关联性的,不能是孤立的。因此,教师需要对整节课的重点加以把握,设计一个大的情境,然后将各个小情境加以串联,从而实现各个环节紧密结合。可见,教师在创设情境时,需要把握情境之间的连续性,使教学过程随着学生的情感活动不断变化与推进,从而进一步得到深化。

2. 多媒体教学法

多媒体是信息的多种媒体的综合,也就是声音、文字、图形、视频、动画、影像等的结合体。将多媒体这一高端技术引入教学中,就产生了多媒体教学,是一种先进的教学模式。运用多媒体展开教学,并不是简单地将各种多媒体资料加以拼凑,而是教师根据教学目标、教学内容、教学对象等将声音、文本、图像、动画等不同形式的信息有机结合在一起,并与传统的教学手段相结合参与教学过程,从而使教学效果达到最优化。教师在运用多媒体教学法时,需要把握以下几点。

（1）选择恰当的教学媒体

安德森的教学媒体选择流程图为教师选择合适的媒体提供了思路,如图 8-1 所示。

（2）抓住最佳展示作用点和作用时间

多媒体技术在教学中的运用,可以将教学内容中的声、像、色、光完美整合,形成令人印象深刻的视听效果,使枯燥的教学变得直观生动。

（3）善于利用故事

好的故事可以成为教师和学生良好的话题切入点。在选择故事时,教师要充分考虑学生的生活实际。故事教学可以使复杂的语言教学变得简单易懂。教师可以向学生提问,让学生讨论和猜测某些情节,充分发挥学生的主体作用。教师还可以鼓励学生对故事进行复述和翻译,从而厘清故事的发展顺利,掌握其中的知识点。

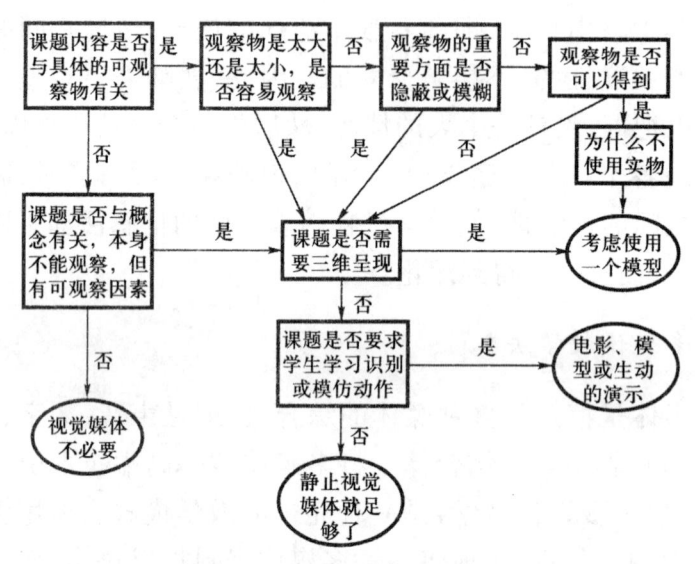

图 8-1　教学媒体选择流程

(资料来源:陈冬花,2105)

要想知道学生对故事教学的接受程度如何,可以通过故事表演来加以检测。对学习有困难的学生,教师可以让他们富有感情地朗读故事;对学习能力较强的学生,教师可以让他们背诵并表演。此外,教师还可以让学生改编故事,学生可以大胆地想象,并通过多媒体进行展示,这能有效提高学生的表达能力和创造能力。

第三节　利用网络手段辅助教学

一、慕课教学模式

慕课教学是基于关联主义理论建构起来的一种在线的教与

第八章 自主学习能力培养下的大学英语教学手段的新发展

学方式。慕课教学的诞生并不是偶然的,是随着网络技术的发展而不断发展的。

（一）什么是慕课教学

慕课全称是"大规模在线开放课程"（Massive Open Online Courses），英文简称为MOOC,这一模式源于美国,在短短数年间被全世界广泛运用。慕课这一模式是具有分享与协作精神的个人组织而成,将优异课程予以上传,让世界各地的人们可以下载与学习。慕课教学与传统模式的比较如图8-2所示。

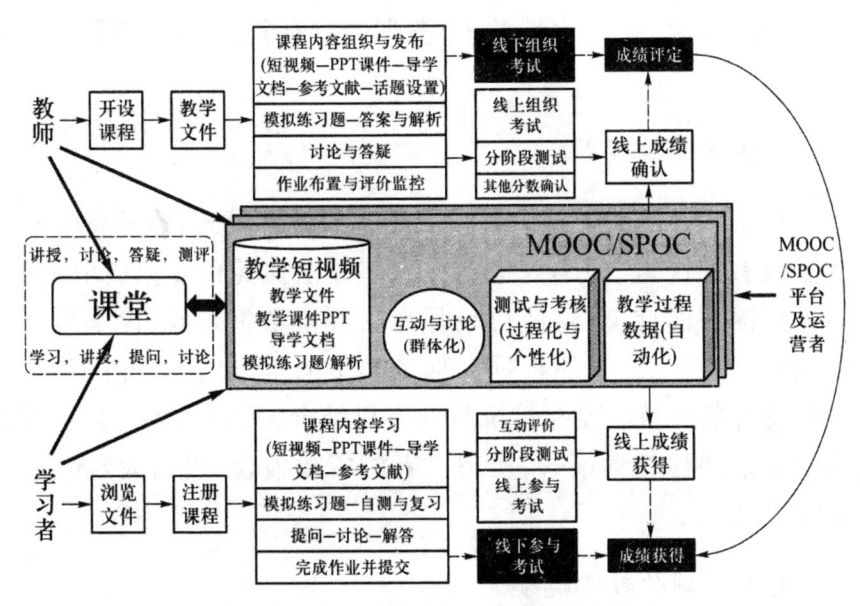

图8-2 慕课教学与传统课堂的比较

（资料来源：战德臣等,2018）

简单从形式上说,慕课教学就是将教学制成数字化的资源,并通过互联网来教与学的一种开放环境。本质上看,慕课教学是一种与传统课堂相对的课堂形式,因为其基于互联网环境而发送数字化资源,实施的是线上教学。学生完成了网上课程学习之后,通过在线测试,可以获得证书或证明。

一般情况下,慕课教学的要素包含如下四点:具有完整的教学视频,一般时间设置为6～10分钟;具有完善的在线考试体系,往往可以实现过程考核与个性考核;具有一定量的开放性话题,可以集中学生的学习兴趣与积极性;具有PPT、电子参考教材、模拟试题与解析等其他辅助资源。

在这些要素的基础上,慕课教学需要教师与学生之间的互动,如教师对信息的发布、回答学生问题等。慕课教学本身为学生提供了学习的数据,教师和学生都可以通过数据对学习状态进行分析,从而改善自身的学习情况。

(二)大学英语慕课教学模式的方法

一般来说,在英语教学中,慕课教学往往会通过如下几个步骤来展开。

1. 重构课程模式

基于慕课的大学英语教学属于在线教学模式,有着传统英语教学没有的优势,但本身也存在一些无法避免的缺陷,如师生之间无法面对面交流,这使得教师无法分辨学生差异,也不可能彻底做到因材施教,只能根据大部分学生的学习情况来讲解内容。这就使得慕课教学要与传统教学有机结合,采取优势互补的方式重构英语课程教学模式,实现二者的资源整合,提高大学英语教学的效果。

2. 科学制作教学视频

慕课是通过视频来传达内容的,所以教学视频是慕课教学的基础与核心,教学视频的质量直接关系着慕课教学的最终效果。

3. 完善课程评价体系

完善课程评价体系,还应建立完整的慕课教学考核制度。首先,根据英语教学标准,对学生的英语综合能力进行考核。其次,对学生的学习态度及能力进行考核,并检查学生的自主学习效果。最后,考核学生的慕课知识学习情况,包括学习时长、任务完

第八章　自主学习能力培养下的大学英语教学手段的新发展

成情况、学习效果等,增强学生的英语实践运用能力。

4.教师积极发挥作用

慕课在大学英语教学中的作用不言而喻,但是慕课教学模式尚有待完善,需要教师参与相关的培训,而且学生水平各有差异,需要教师实施有针对性的教学。因此,在慕课教学模式中,教师依然扮演着很重要的角色。

二、微课教学模式

随着网络技术的推广,人们的学习方式在逐渐发生变化,这时微课悄然进入人们的视野,并对各个领域产生了重要影响,其中英语教学领域就是其中最突出的表现。可以说,微课为英语教学开辟了一个新视角,提供了一个新平台,逐步推动英语教学向前发展。

(一)什么是微课教学

对于"微课"的概念,目前还未统一,不同的学者观点不同,下面介绍一些有代表性的关于微课的观点。最早提出"微课"这一概念的学者胡铁生,他通过借鉴慕课的定义,认为微课即微课程的简称,即以微型视频作为载体,对某一学科的重难点等教学知识点与教学环节来设计一个情境化且支持多种学习方式的网络课程。

之后,胡铁生又对这一观点进行了改进,认为微课是根据新课程标准及课堂教学的实际情况,以教学视频作为载体,对教师在课堂中针对某一知识点或教学环节而展开的精彩教学活动的有机结合体。

郑小军、张霞则认为,微课不等同于课堂上的实录,而是从某个重难点出发创作的视频,即微课聚焦了重难点问题,将那些有干扰的信息排除掉。

上述众多学者的概念是非常具有针对性的,在一定程度上将微课的特征反映出来。本书作者对于胡铁生的定义更为推崇,认为从本质上说,微课是一种支持教与学的微型课程。

(二)大学英语微课教学模式的方法

从当前的英语教学实践分析,微课教学有着广阔的前景。虽然英语教学中微课教学的设计是当前关注的问题,但是也不能忽视英语教学中微课教学的实施。

1. 构建微课学习平台

英语教学中微课教学主要是基于视频建构起来的,同时需要互动答疑、微练习等辅助的模块。但是这些模块的构建对于学生英语学习兴趣的提升、教师信息化应用能力的提高等都是十分有帮助的。在这之中,微慕课平台是一个较为创新的平台,即运用微课教学展现慕课教学的专业化与系统性。这一平台结构更为灵活、知识含量更高,是一个较好的平台。

2. 开发与共享微课资源

当前的英语教学中教学资源设置不平衡现象凸显,而微课教学的出现,使得教学资源可以通过互联网传送到各个地方,便于各个地方及时更新与推进,实现真正的资源共享。

3. 提升微课的录制技术

英语教学中微课教学要求录制技术较高,尽可能保证简单化,使教师便于执行,同时教师也应不断提升自身的录制技术。

另外,微课视频研发人员也应该不断对技术进行提升,追求卓越的技术,使得英语教学中微课教学的实施得到更大范围的推广。

三、翻转课堂教学模式

翻转课堂是运用互联网思维创新教学的产物,核心在于将互联网开放、自由、平等的特征与英语教学的本质与规律紧密结合,形成对教学活动、师生关系等要素的重新思考与定位。在基于班级授课的框架下,翻转课堂引入网络学习新思维,对课堂的时空加以拓宽,实现传统课堂与网络课堂的有机结合。也就是说,翻转课堂作为一种全新的英语教学模式融入传统课堂中,颠覆了传统课堂的基本结构,为英语教学注入了新的活力。

(一)什么是翻转课堂教学

通常来说,大家对翻转课堂最朴素的解释就是,将传统的课堂学习和课后作业的顺序进行颠倒,即将知识的吸收从课堂上迁移到课外,知识的内化则从课后转移到课堂,学生课前在网络课程资源和线上互动支持下开展个性化自学,课堂上则在教师引导下通过合作探究、练习巩固、反思总结、自主纠错等方式来实现知识内化。

目前看到的最初的翻转课堂实施结构模型(图8-3)来自美国富兰克林学院数学与计算科学专业的罗伯特·塔尔伯特(Robert Talbert)教授,他在"线性代数"等很多课程中应用了翻转课堂教学并取得了良好的教学效果。

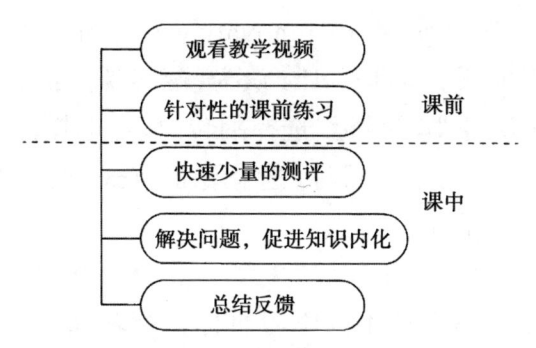

图8-3 罗伯特·塔尔伯特的翻转课堂教学结构模型

(资料来源:孙慧敏、李晓文,2018)

这一模型为后续学者、专家进行教学模式探索提供了基本思路。

随着教学过程的颠倒,教与学的流程、责任主体、师生角色、课内外任务安排、学习地点和备课方式等方面都发生了明显变化。与传统意义上的课堂教学结构相比,翻转课堂颠覆了人们对课堂模式的思维惯性,改变了学生学习流程,从新的角度揭示了课堂的新形式、新含义。有人认为,"翻转课堂"打破了持续几千年的教学结构,颠覆了人们头脑中对课堂的传统性理解,倡导先学后教、以学定教,赋予了学生学习更多的自主性和选择性,强化了师生之间的沟通与交流,实质是学生学习力解放的一次革命。这不仅契合了国家教育信息化发展规划指导思想的核心——创新学习方式和教学模式,它也因此被称为是传统教学模式的"破坏式创新",成为信息技术与学习理论深度融合的典范。

(二)大学英语翻转课堂教学模式的方法

翻转课堂作为一种颠覆传统课堂的教学模式,其教学设计过程当然不同于传统教学设计过程。虽然国内外出现了各种各样的翻转课堂教学,但它们都建立在课程资源、教学活动、教学评价和支撑环境这些要素的基础上,因而翻转课堂教学的设计也是以此为依据的。

1. 设计英语教学过程

美国创新学习研究所(Innovative Learning Institute,ILI)提出了翻转课堂设计流程。ILI认为,翻转课堂的设计过程主要包括确定学生课外学习目标、选择翻转内容、选择传递方式、准备教学资源、确定课内学习目标、选择评价方式、设计教学活动、辅导学生八个主要环节。

其一,确定学生课外学习目标。英语教学中翻转课堂教学过程的设计首先要确定学生的学习目标。翻转课堂使得课内教学和课外教学进行了颠倒,学生总共需要完成两次知识内化过程,第一次知识内化是在课外自主学习新知识,第二次知识内化是在

第八章　自主学习能力培养下的大学英语教学手段的新发展

课内完成的。显然,课内和课外对学生的要求是不同的,学生需要在课内外实现不同的学习目标。

其二,选择翻转内容。当确定了翻转课堂的课外学习目标后,就要结合学生本身的认知规律和特点去选择课外自主学习的合适内容。课外学习目标主要是低阶思维的目标。

其三,选择内容传递方式。选择内容传递方式是指确定学生的自主学习内容通过什么媒体工具表现出来。教师要结合特有的接收设备情况、学习者的地理位置、学习内容的形式和资源大小等因素,选择适合学生开展个性化学习、传递内容形式丰富、传递速度快、获取方便的内容传递方式。

其四,准备教学资源。在确定了学习内容及其传递方式后,就可以搜集相关的网络学习资源供学生学习,或者开始制作、开发新的相应的学习资源。在该环节中需注意,无论是利用已有的学习资源还是自己开发新的学习资源,均需与先前确定的学习内容保持一致,并且资源的形式、大小等要求也需和传递工具相匹配。

其五,确定学生课内学习目标。第一环节确定的是课外学习目标,是针对低阶思维技能的学习目标;本环节确定的是课内学习目标,是针对分析、评估和创造等高阶思维技能的目标。因为在课外学生能参与的更多是培养其识记、理解和应用等的学习内容,而在课内学生是通过与同学和教师面对面地交流、讨论和开展协作探究等活动。所以,这一环节的学习目标与第一环节的学习目标有所不同。

其六,选择评价方式。在教学正式进行前,教学中的主体者和主导者,即学生和教师都要对课堂教学活动提前做好充分的准备。对于教师而言,选择一种合适的评价方式非常重要。低风险的评价方式应该是教师的理想选择,它是指不对学生的评价结果进行分数、等级的评比,而仅作为发现学生学习问题的一种教学评测方式。通过低风险的评价方式,教师可以发现学生学习真正的难点,以便教师和学生调整教学计划和学习计划。低风险的评价方式有很多,其中一种就是常用的课前小测验,这些小测验的题目量并不多,一般只有3～4个问题,针对的内容是学生在课外自主学习的内容,其不仅仅是检测学生在课前学习的事实性知识,更重要的是为学生提供一个综合应用所学知识的机会。通过课前小测验,教师能及时地把测验中出现的问题反馈给学生,学生也可以向教师提出自身遇到的问题,并通过与教师交流促进问题的解决。

其七,设计教学活动。如前所述,课外的学习内容和活动主要帮助学生解决识记、理解类的知识,在课内则是帮助学生解决学习难点,并充分应用所学知识,学习更深层次的内容。当通过课前评价了解到学生真正的学习难点后,教师需针对性地设计具有导向性的课堂教学活动,以便更好地培养其分析、评估和创造等高阶能力,可采用如基于项目的学习、基于问题的学习、协作探究学习等形式。

其八,辅导学生。教师作为教学的主导者,在各种形式的教学活动中都要充分发挥自身的主导作用,只有这样才能取得良好的教学效果。具体而言,在进行教学活动时,教师需为学生提供相应的脚手架,为学生更好地开展活动提供必要的支持。另外,在必要的时候,教师还应该对某些理解学习内容和活动有困难的学生提供个性化的辅导。在整个学习活动中,教师需对提出疑问的学生给予及时的反馈,在学生汇报学习成果或学习结束后,教师要进行统一的总结反馈,以促进学生进行知识的内化和升华。

2. 开发英语教学资源

其一,支持翻转课堂的信息化教学资源。广义的教学资源是指用于教与学过程的设备和材料,以及人员、预算和设施,包括能帮助个人有效学习和操作的任何东西。随着信息技术的发展,信息化教学资源的概念就出现了,它是指在以网络和计算机为主要特征的信息技术环境下,为教学目标而专门设计的或者能为教育目标服务的各种资源,包括教育环境资源、教育人力资源和教育

第八章　自主学习能力培养下的大学英语教学手段的新发展

信息资源。

随着信息化资源的发展与教育应用,翻转课堂教学理念才得以提出。从上述翻转课堂的完整过程可知,支持翻转课堂需要用到的信息化教学资源主要包括教学视频、进阶练习、学习任务单、知识地图和学习管理系统五大类。

翻转课堂教学的实施,不仅需要上述教学资源作为主要资源,还需要借助一定的教学辅助工具软件,该类教学资源几乎贯穿于翻转课堂的全过程,其作用主要是帮助教师进行教学视频的制作、师生间开展交流协作、学生学习成果的展示等。按照作用于翻转课堂教学开展过程中的不同方面,可以将教学辅助工具分为视频制作工具、交流讨论工具、成果展示工具和协作探究工具四类。

其二,遵循资源选择原则。翻转课堂的资源包括教学视频、进阶练习、学习任务单、知识地图、学习管理系统和各类教学辅助工具等。每一类资源都不是完美的,不存在放之四海而皆准的资源。每类资源都各具特点,并且每类资源可供选择的具体资源种类、载体类型众多,因此教师应根据教学实际需要选择合适的翻转课堂的教学资源。一般而言,翻转课堂教学资源的选择需遵循最优选择、具有较强兼容性、多种媒体组合的原则。

最优选择原则是指教师根据教学内容和教学目标的要求,选择存储和传递相应教学信息并能直接介入教学活动过程中的载体,就是选择教学资源。

具有较强兼容性是指当众多便携式的移动智能终端在大学英语教学中广泛应用以后,大学英语教学不仅变得更加高效,也发生了一场变革。在这种情形下,翻转课堂理念变得普及起来,翻转课堂的应用也得以在大范围内开展。翻转课堂实施的普遍现象是,学生利用各类移动设备,如平板电脑、智能手机等进行课外自主学习,课内教师利用移动终端设备进行授课。因此,资源载体的改变,迫使资源的形式也做出相应的改变,要求其必须兼容各类学习终端设备,在各类终端设备中都能流畅运行。

多种媒体组合是指翻转课堂教学真正做到了以学习者为中心,这对后期的教学资源的选择也有着一定的指导作用。在选择教学资源时,教师应该考虑学生的兴趣、生活现实,尽可能选择丰富的教学资源形式,即有机结合文字、图片、声音、视频、动画等多种媒体形式。

3. 设计英语教学活动

根据前面所述的翻转课堂的完整过程,翻转课堂教学活动设计包括课外活动设计和课内活动设计两个部分。

其一,设计课外学习活动。翻转课堂的课外学习活动一般属于线上活动,主要包括以下几类。

在线学习。在课外,学生通过阅读相关的电子书籍、资料或观看教师提前准备好的讲授视频,掌握并理解课程中重要的信息。在线学习主要有阅读电子教材和观看教学视频两种形式。有时为了加深学生对信息的理解,在线学习的材料还附加一些引导性问题、反思性问题、注释、小测验等,用于辅助学生进行自主学习。

交流讨论。通过在学习管理系统中开辟一个专门的讨论区,或借助专门的在线交流工具,教师和学生以课外学习内容为主题展开交流和讨论。讨论主题既可以是教师预设的,也可以由学生创设,这样一种师生在线辅导和生生自组织学习的学习模式就形成了。借助这种学习模式,学生掌握学习内容的速度较快,并且掌握的层次较深,从而为课内的学习活动做好准备。

在线测评。在学生完成了新知学习的任务后,可以进行在线测评。在线测评一般采用低风险、形成性的评价方式,不仅检验了学生的学习成果,还提供了一个学生反馈问题的机会。通过在线测评,教师和学生在课内教学活动开展前针对问题提前做好准备。

其二,课内学习活动设计。根据翻转课堂的特点,影响翻转课堂教学效果的最大因素是如何通过课堂活动设计完成知识内

第八章 自主学习能力培养下的大学英语教学手段的新发展

化的过程。在设计课堂活动时,关键要看情境、协作、会话等要素是否有利于学生主体性的发挥,从而促进学生达到高阶思维能力的目标。课内学习活动一般可以分为个体学习活动和小组学习活动。

四、线上线下混合式教学模式

除了慕课教学、微课教学以及翻转课堂教学,混合教学模式也登上舞台。开展混合教学,即将课前、课中、课后等环节融合起来,实现更高目标的产出,培养出更多优秀的英语人才。混合式教学模式改变了传统的灌输式教学模式,将学生作为中心,在教师的指导下展开学习。

(一)什么是混合式教学

对混合式教学进行界定,即依托技术,在"教"与"学"的过程中进行信息和知识的传递。但是在传递的过程中,需要选择合适的时间和对象,采用合适的教学技术和通过合适的技能来优化教学,确定学习者的学习质量和业绩。

(二)大学英语线上线下混合式教学模式的应用

线上线下混合式教学模式在英语教学中的应用大致分为以下三个阶段。

1. 课前阶段

在基于线上线下混合式教学模式的英语教学中,教师在授课之前要针对具体的教学内容和学生的学习情况选择切合实际的课程资源,并且结合实际情况设计能够培养学生自主学习能力的学习任务,以充分利用教材和网络课程资源。例如,"朗文交互学习平台""新理念外语网络教学平台"等都是可实现师生交互的移动网络平台,通过这些平台,教师可以将教材中所涉及的学习计划、学习目标、学习重点、学习难点、学习主题等相应的预习内容和学习任务等,及时发到学生手中,学生可以根据任务的要求通过不同的方式,如个人独立思考、小组讨论等,有效地获取知识背景,高效地完成预习任务,而且在这一过程中,自主学习能力也会相应地提高。在这一阶段,教师可以利用自主式的学习平台,充分实现师生之间的互动,为学生提供有效的在线咨询,为学生答疑解惑,向学生提供有针对性的辅导和帮助,进而切实提高学生的自主探究精神和自主学习能力。

2. 课堂阶段

所谓线下,也就是课堂上的面授。在这一阶段,主要是通过课堂的教学平台和自主学习平台的相互融合,展开具有针对性的多媒体辅助教学。

3. 课后阶段

在课后阶段,教师可以通过线上线下混合教学模式进一步补充相应的学习材料,有效拓宽学生的视野,加深学生对所学知识的理解和掌握程度。在课后,学生也可以利用网络平台寻找相应的复习资料,进一步加深学习效果,增加练习的实践,扩大知识范围,更好地完成相应的学习任务。课后巩固延伸了课堂教学的空间,既能够显著培养学生的自主学习能力,也能够为学生养成良好的终身学习习惯打好基础。

参考文献

[1][美]莱斯利·怀特.文化的科学(中译本)[M].济南：山东人民出版社,1988.

[2][英]爱德华·泰勒.原始文化[M].北京：华夏出版社,1990.

[3]白靖宇.文化与翻译(修订版)[M].北京：中国社会科学出版社,2010.

[4]陈俊森,樊葳葳,钟华.跨文化交际与外语教育[M].武汉：华中科技大学出版社,2006.

[5]辞海编辑委员会.辞海[M].上海：上海辞书出版社,1980.

[6]崔长青.英语写作技巧[M].北京：中国书籍出版社,2010.

[7]崔刚,孔宪遂.英语教学十六讲[M].北京：清华大学出版社,2009.

[8]德雷克·博克著,侯定凯等译.回归大学之道——对美国大学本科教育的反思和展望[M].上海：华东师范大学出版社,2006.

[9]邓志伟.个性化教学论[M].上海：上海教育出版社,2002.

[10]杜秀莲.大学英语教学改革新问题新策略[M].济南：山东大学出版社,2011.

[11]冯莉.大学英语语法教学理论与实践[M].长春：吉林出版集团有限责任公司,2009.

[12] 高等学校外语专业教学指导委员会英语组.高等学校英语专业英语教学大纲[M].北京：外语教学与研究出版社,2000.

[13] 高洪德.高中英语新课程理论与教学实践[M].北京：商务印书馆,2005.

[14] 龚亚夫,罗少茜.任务型语言教学[M].北京：人民教育出版社,2003.

[15] 辜正坤.互构语言文化学原理[M].北京：清华大学出版社,2004.

[16] 顾明远.素质教育的理论探讨[M].北京：中国和平出版社,1996.

[17] 何高大.现代教育技术与现代外语教学[M].南宁：广西教育出版社,2002.

[18] 何广铿.英语教学法教程：理论与实践[M].广州：暨南大学出版社,2011.

[19] 何少庆.英语教学策略理论与实践运用[M].杭州：浙江大学出版社,2010.

[20] 胡春洞.英语教学法[M].北京：高等教育出版社,1990.

[21] 教育部高等教育司.大学英语课程教学要求[M].北京：外语教学与研究出版社,2009.

[22] 金惠康.跨文化交际翻译续编[M].北京：中国对外翻译出版公司,2004.

[23] 剧锦霞,倪娜,于晓红.大学英语教学法新论[M].北京：中国书籍出版社,2013.

[24] 兰萍.英汉文化互译教程[M].北京：中国人民大学出版社,2010.

[25] 老青,栾丽君.慕课视角下高职英语教育教学探究与设计[M].北京：高等教育出版社,2016.

[26] 李庭芗.英语教学法[M].北京：高等教育出版社,1983.

[27] 林新事.英语课程与教学研究[M].杭州：浙江大学出版社,2008.

[28] 鲁子问,康淑敏.英语教学方法与策略[M].上海:华东师范大学出版社,2008.

[29] 鲁子问,康淑敏.英语教学设计[M].上海:华东师范大学出版社,2008.

[30] 鲁子问.英语教学论(第2版)[M].上海:华东师范大学出版社,2009.

[31] 罗少茜.英语课堂教学形成性评价研究[M].北京:外语教学与研究出版社,2010.

[32] 孟丽华,武书敬.网络环境下大学英语教师专业素质发展研究[M].北京:外语教学研究出版社,2015.

[33] 牟杨.新编简明英语语言学教程学习指南[M].成都:西南交通大学出版社,2009.

[34] 庞维国.自主学习:学与教的原理和策略[M].上海:华东师范大学出版社,2003.

[35] 沈银珍.多元文化与当代英语教学[M].杭州:浙江大学出版社,2006.

[36] 束定芳,庄智象.现代外语教学理论、实践与方法[M].上海:上海外语教育出版社,1996.

[37] 宋洁,康艳.英语阅读教学法[M].北京:首都师范大学出版社,2014.

[38] 宿荣江.文化与翻译[M].北京:中国社会出版社,2009.

[39] 王笃勤.初中英语英语教学策略[M].北京:北京师范大学出版社,2010.

[40] 王笃勤.英语教学策略论[M].北京:外语教学与研究出版社,2002.

[41] 王芬.高职高专英语词汇教学研究[M].上海:上海交通大学出版社,2012.

[42] 王改燕.第二语言阅读中词汇附带习得研究[M].北京:北京大学出版社,2013.

[43] 王鸿江.现代教育学[M].上海:上海教育出版社,2001.

[44] 王琦.信息技术环境下的外语教学研究[M].北京:中国社会科学出版社,2006.

[45] 王守仁.高校大学外语教育发展报告(1978—2008)[M].上海:上海外语教育出版社,2008.

[46] 魏朝夕.大学英语文化主题教学探索与实践[M].北京:中国农业科学技术出版社,2010.

[47] 魏海波.实用英语翻译[M].武汉:武汉理工大学出版社,2009.

[48] 文萍.心理学理论与教育[M].桂林:广西师范大学出版社,1999.

[49] 武锐.翻译理论探索[M].南京:东南大学出版社,2010.

[50] 肖礼全.英语教学方法论[M].北京:外语教学与研究出版社,2005.

[51] 徐锦芬.大学外语自主学习理论与实践[M].北京:中国社会科学出版社,2007.

[52] 许智坚.多媒体外语教学理论与方法[M].厦门:厦门大学出版社,2010.

[53] 严明.大学英语语法教学理论与实践[M].长春:吉林出版集团有限责任公司,2009.

[54] 严明.大学英语自主学习能力培养教程[M].哈尔滨:黑龙江大学出版社,2007.

[55] 严明.大学英语自主学习能力培养模式研究:体验的视角[M].哈尔滨:黑龙江大学出版社,2007.

[56] 严明.跨文化交际理论研究[M].哈尔滨:黑龙江大学出版社,2009.

[57] 姚敏.英语教学法[M].北京:中国文联出版社,1999.

[58] 尹刚,陈静波.给英语教师的101条建议[M].南京:南京师范大学出版社,2004.

[59] 英国培生教育出版有限公司编.朗文当代高级英语辞典(英英.英汉双解)[Z].北京:外语教学与研究出版社,2004.

[60] 于永昌,刘宇,王冠乔.大数据时代的教育[M].北京:北京师范大学出版社,2015.

[61] 张大均.教育心理学[M].北京:人民教育出版社,1999.

[62] 张岱年,程宜山.中国文化争论[M].北京:中国人民大学出版社,2006.

[63] 张公瑾,丁石庆.文化语言学教程[M].北京:高等教育出版社,2004.

[64] 张红玲,朱晔,孙贵芳.网络外语教学理论与设计[M].上海:上海外语教育出版社,2010.

[65] 张红玲.跨文化外语教学[M].上海:上海外语教育出版社,2007.

[66] 张莉,魏月红.多维视角下的英语口语教学研究:理论与实践[M].石家庄:河北人民出版社,2012.

[67] 张鑫.英语教学的理论与实践[M].北京:知识产权出版社,2012.

[68] 郑茗元,汪莹.网络环境与大学英语课程的整合化教学模式概论[M].北京:中国水利水电出版社,2015.

[69] 周荣辉.英语阅读策略与技巧[M].成都:西南交通大学出版社,2009.

[70] 周文娟.大数据时代外语教育理念与方法的探索与发现[M].上海:上海交通大学出版社,2014.

[71] 陈桂琴.大学英语跨文化教学中的问题与对策[D].上海:上海外国语大学,2014.

[72] 陈洪英.语篇分析在高中英语写作教学中的实践[D].武汉:华中师范大学,2004.

[73] 方燕玲.阅读策略对高中生英语阅读理解的影响[D].武汉:华中师范大学,2007.

[74] 何薇.大学英语词汇教学研究——以贵阳学院为例[D].重庆:西南大学,2009.

[75] 侯东华.阅读策略在高二英语阅读教学中的应用[D].

重庆：西南大学，2006.

[76] 黄慧．建构主义视角下的大学英语语法教学研究 [D]．上海：上海外国语大学，2007.

[77] 黄艳新．英语分级教学在高职中的应用研究 [D]．上海：上海师范大学，2016.

[78] 卢凤龙．语境理论在高中英语词汇教学中的应用研究 [D]．济南：山东师范大学，2013.

[79] 马苹惠．高中英语阅读课中文化教学的研究 [D]．福州：福建师范大学，2016.

[80] 任士海．影响大学英语个性化教学的因素及对策研究——以延边大学大学英语教学为例 [D]．延吉：延边大学，2006.

[81] 王海棠．大学公共英语教学中英语文化教学的问题与对策研究 [D]．北京：中央民族大学，2004.

[82] 王晓丹．初中英语阅读教学中文化渗透研究 [D]．青岛：青岛大学，2019.

[83] 吴芳芳．高中学生英语词汇能力的培养——基于任务型教学模式的实证研究 [D]．武汉：华中师范大学，2011.

[84] 肖德钧．中职生英语阅读策略研究 [D]．武汉：华中师范大学，2006.

[85] 熊英．"输入—输出"大学英语教学模式研究 [D]．苏州：苏州大学，2004.

[86] 许兰．高中英语写作教学策略探究 [D]．上海：上海师范大学，2009.

[87] 张海倩．基于语境理论的高中英语词汇教学研究 [D]．重庆：重庆师范大学，2012.

[88] 周方源．语境理论在大学英语词汇教学中的应用研究 [D]．呼和浩特：内蒙古师范大学，2013.

[89] 朱君．运用网络英语教学培养高中学生创造性思维能力的实践研究 [D]．上海：上海师范大学，2004.

[90] 朱文会．"任务型"教学法与英语口语教学 [D]．上海：

上海师范大学,2005.

[91] 张红玲.外语教师跨文化能力培训研究[A].贾玉新.跨文化交际理论探讨与实践[C].上海:上海外语教育出版社,2012.

[92] 安冬.大学英语教育改革的目的与理念分析[J].高教学刊,2017,(4).

[93] 毕继万.跨文化交际研究与第二语言教学[J].语言教学与研究,1998,(1).

[94] 薄新莺.影响学习策略的因素分析[J].忻州师范学院学报,2006,(4).

[95] 蔡忠.英语听力教学中的文化教学[J].嘉应学院学报,2006,(5).

[96] 曹国文.语境理论对高中英语词汇教学的实践初探[J].课程教育研究,2020,(1).

[97] 陈冬纯.试论自主学习在我国大学英语教学中的定位[J].外语界,2006,(3).

[98] 陈恪清.大学英语翻译(选修)课的教学目标、原则、内容与方法[J].中国科技信息,2009,(12).

[99] 富苏苏,李荣美.任务型教学法对大学英语翻译教学的启示[J].中国劳动关系学院学报,2012,(4).

[100] 何宇丹.显性法和隐性法在英语语法教学中的应用[J].沈阳教育学院学报,2007,(8).

[101] 洪俊彬.试论大学英语情感教学[J].牡丹江教育学院学报,2007,(6).

[102] 胡大芳.大学英语翻译教学中文化的导入[J].牡丹江大学学报,2009,(1).

[103] 黄叶.语篇教学——大学英语阅读教学方法[J].贵州民族学院学报,2007,(4).

[104] 黄音频.文化差异与英语写作[J].成功(教育),2010,(1).

[105] 蒋业梅,秦耀咏.论大学英语情感教学[J].玉林师范学院学报,2005,(6).

[106] 李相群,孙琳.新要求下大学英语教师角色的转变[J].民族论坛,2006,(2).

[107] 连淑能.翻译课教学法探索[J].外语与外语教学,2007,(4).

[108] 刘三灵,胡东平,刘卫.传统大学英语教学模式回顾及其对策[J].世纪桥,2007,(3).

[109] 刘梦雪.通过自我评估训练促进自主式英语学习的实证研究[J].疯狂英语(教师版),2009,(8).

[110] 娄宏亮.体裁教学法在大学英语听力教学中的应用[J].忻州师范学院学报,2006,(5).

[111] 罗宏,张昭苑.大学英语的情感教学[J].天津市经理学院学报,2010,(4).

[112] 罗孝芳.英语教学中对学生自主、合作、探究性学习能力的培养[J].黔西南民族师范高等专科学校学报,2009,(2).

[113] 穆婷.语篇意识与英语翻译教学[J].上海理工大学学报,2006,(1).

[114] 裴剑波.论教学翻译对翻译教学的十种不良影响[J].高教论坛,2003,(1).

[115] 秦静.大学英语分级教学模式刍议[J].宜春学院学报,2010,(2).

[116] 孙瑛瑛.建构主义理论指导下的英语口语教学[J].太远城市职业技术学院学报,2010,(12).

[117] 佟晓辉,高健,傅克玲.论英汉语言文化差异对大学英语写作教学的影响[J].西南农业大学学报,2011,(4).

[118] 王鉴棋,詹元灵.交互式任务型英语阅读教学法研究[J].中山大学学报论丛,2005,(4).

[119] 王露华.用"体裁法"改进大学英语写作教学[J].苏州大学学报,2005,(3).

[120] 韦孟芬.大学英语翻译教学中文化导入探讨[J].淮海工学院学报,2010,(6).

[121] 吴金娥.浅析大学英语情感教学[J].河北大学成人教育学院学报,2011,(2).

[122] 肖华芝.任务型教学对高职英语教师能力的要求[J].韶关学院学报,2011,(3).

[123] 肖君.英语词汇教学中文化差异现象浅析[J].四川教育学院学报,2007,(5).

[124] 熊沐清,邓达.叙事教学法论纲[J].外国语文,2010,(6).

[125] 杨培沛.论大学英语情感教学[J].鄂州大学学报,2010,(1).

[126] 余菲平,刘光辉.英语自主学习模式初探[J].湖南教育,2007,(2).

[127] 翟莉娟,王翠梅.从认知策略看英语词汇学习[J].科学文汇,2008,(11).

[128] 张海瑞.大学英语翻译教学存在的问题与对策[J].教育理论与实践,2010,(7).

[129] 张林.高校英语口语交际的文化教学研究[J].海外英语,2012,(6).

[130] 张绍杰.扩大教育开放给外语教育带来的机遇和挑战——兼论外语人才培养[J].中国外语,2011,(5).

[131] 张玉红.论情感教学法在大学英语教学中的作用[J].河南教育,2007,(6).

[132] 竺余江.英语听力课中的文化教学[J].考试周刊,2007,(10).

[133] 邹玲,王海燕."任务型"教学法在英语听力教学中的运用[J].江西教育科研,2006,(8).

[134]Hatch, Evelyn and Brown, Cheryl. *Vocabulary, Semantics and Language*[M]. Beijing: Foreign Language

Teaching and Research Press, 2001.

[135]Holec, H. *Autonomy and Foreign Language Learning*[M]. Oxford: Pergamon, 1981

[136]Lewis, M. *Second Language Vocabulary Acquisition*[M]. Cambridge: Cambridge University Press, 1997.

[137]Littlewood, William. An Autonomy and a Framework [J]. *System*, 1996, (4): 427-435.

[138]Nunan, David. "Designing and Adapting Materials to Encourage Learner Autonomy" [A]. *Autonomy and Independence in Language Learning*[C]. ed. Benson, Phil and Voller, Peter, London: Longman, 1997.

[139]Penny Ur. *Grammar Practice Activities: A Practical Guide for Teachers*[M]. Cambridge: Cambridge University Press, 1988.

[140]Samovar, L. & Porter, R. *Communication between Cultures*[M]. Belmont, CA: Wadsworth Publishing Company, 1995.

[141]Stern H. H. *Fundamental Concepts of Language Teaching*[M]. Oxford: Oxford University Press, 1983.